M E D J U G O R J E
15 JAHRE ERSCHEINUNGEN

RENÉ LAURENTIN

15 JAHRE ERSCHEINUNGEN

Gebet, Bekehrungen, humanitäre Hilfe: Eine Bewegung, stärker als der Krieg

LETZTE NEUIGKEITEN
VON MEDJUGORJE Nr. 15

F.-X. de Guibert (O.E.I.L.)
3, rue Jean-François-Gerbillon, 75006 Paris

CIP-Titelaufnahme der Deutschen Bibliothek

René Laurentin

15 JAHRE ERSCHEINUNGEN
Gebet, Bekehrungen, humanitäre Hilfe:
Eine Bewegung, stärker als der Krieg

Herausgeber: Gebetsaktion Medjugorje, Wien

Die erste Auflage erschien im Juni 1996
in französischer Sprache bei:
F. X. de Guibert (O.E.I.L.) 3,
rue Jean – François – Gerbillon, 75006 Paris

Deutsche Übersetzung: Mag. Dr. Maria E. Jilek

BESTELLADRESSE: GEBETSAKTION MEDJUGORJE
Postfach 18, A-1153 Wien
Druck: Hermagoras, A-9073 Viktring

KÜRZEL

Dieses Buch vergleicht mit den direkten Informationen aus Medjugorje alle jene, die die wichtigsten Bulletins so dienlich liefern und denen wir dafür dankbar sind. Um die Lektüre dieses Buches nicht zu erschweren, haben wir sie mit Mindestkürzel angeführt.

AB = Alberto Bonifacio, Blatt, das zwei Mal im Monat in italienischer Sprache erscheint. Dort finden wir mit der Monatsbotschaft, die Chronik ihrer Verbreitung und der wichtigsten Ereignisse.

DN = R. Laurentin: „Dernières Nouvelles de Medjugorje“ (Letzte Neuigkeiten von Medjugorje): 13 Bände, jährlich erschienen, um die Lage von Medjugorje zu bestimmen. Die darauffolgende Ziffer bezeichnet die Nummer der Serie.

E = Schwester Emmanuel von der Gemeinschaft der Seligpreisungen, die an Ort und Stelle lebt; das Blatt erscheint ebenfalls zwei Mal im Monat, mittels Fax erhalten.

Écho = LôÉcho de Medjugorje (Das Echo von Medjugorje), 18, allée Thévenot, F-39100 Dole.

Eco = Eco di Maria (Echo Mariens), I-46100 Mantova, Italien.

Et = LôEtoile (Der Stern), PF 434, F-53104 Mayenne Cedex.

EM = Enfants de Medjugorje (Kinder von Medjugorje): Monatlicher Informationsbrief, von Schwester Emmanuel herausgegeben.

GA = Gebetsaktion Maria, Postfach, A-1153 Wien, Österreich.

MG = Medjugorje Genova.

MM = Medjugorje Magnificat, herausgegeben bei C. Clause, F-01480 Frans, Frankreich.

NM = Nouvelles de Medjugorje (Neuigkeiten von Medjugorje), Monatsblatt, herausgegeben von Jacques und Ute Clostermans, rue de la Motte 25, B-1390 Archennes (Belgien).

NS = Notre-Dame de Medjugorje (Unsere liebe Frau von Medjugorje), F-74700 Sallanches.

O = Oasis (Oase), neues Blatt, 25 Route du Cordon, F-74700 Sallanches.

St = Stella Maris, CH-1631 Hauteville (Schweiz).

T = Medjugorje Torino, Zeitschrift der Gebetsgruppe Regina Pacis 9, 1993, Nrn. 51-54 und 10, 1994.

Ich danke allen, die mir Informationen, Unterlagen und Fotos zukommen lassen, insbesondere A. Bonifacio, Schwester Emmanuel und P. Iacopini.

Die Seher von Medjugorje

Wir werden sie mit ihren Vornamen bezeichnen, wie dies üblich ist:

Ivan DRAGICEVIĆ, geboren am 25. Mai 1965, seit dem 23. Oktober 1994 mit Laureen Murphy aus Boston verheiratet; ein Kind: Kristina-Maria, geboren in Boston am 20. Oktober 1995.

Ivanka IVANKOVIĆ, geboren am 21. Juni 1966, seit dem 29. Dezember 1986 mit Rajko Elez verheiratet; 3 Kinder: Kristina, Josip und Ivan (Ivan geboren am 11. Februar 1994).

Jakov ČOLO, geboren am 6. März 1971, seit dem 11. April 1993 mit Anna-Lisa Barozzi verheiratet; eine Tochter, Ariana-Maria, geboren im Jänner 1995 in Italien.

Marija PAVLOVIĆ, geboren am 1. April 1965, seit dem 1. April 1993 mit Paolo Lunetti verheiratet; zwei Kinder: Michele, geboren am 14. Juli 1994 und Francesco Maria, geboren am 24. Jänner 1996.

Mirjana DRAGICEVIĆ, geboren am 18. März 1965, seit dem 16. September 1989 mit Marko Soldo verheiratet; 2 Kinder: Marija, geboren am 8. Dezember 1990, und Veronika, geboren am 19. April 1994.

Vicka IVANKOVIĆ, geboren am 3. September 1964.

Alle sechs sind in Bijakovići geboren, ebenso wie Milka Pavlović, Marijas Schwester, die Seherin an einem Tag, dem 24. Juni 1981; sie hat am 17. Juli 1994 geheiratet und eben ihre erste Tochter bekommen.

Und die beiden Seherinnen der zweiten Generation:

Jelena VASILJ ist am 14. Mai 1972 geboren und ist die zweite Tochter von Grgo und Stefica; sie studiert in den USA (Universität Steubenville).

Marijana VASILJ (gleicher Name, andere Familie), geboren am 5. Oktober 1971. Sie hat Dinko Juričič geheiratet, der Anfang 1994 in der kroatischen Armee aufgestellt wurde.

Warum wird diese Chronik fortgesetzt?

Ja, warum? Medjugorje geht mit Höchstgeschwindigkeit weiter. Weder Offenbarung der Geheimnisse, noch aufsehenerregende Medienereignisse. Die Botschaften sind abgedroschen, sie wiederholen sich, sagt man uns. Das Drama des Krieges geht dem Ende zu. Den Glücklichen schlägt keine Stunde.

Aber das hieße die verkannten und verachteten, ja von den Gegnern sogar neutralisierten oder bedrohten Wunder unter den Scheffel stellen.

Die Fortsetzung, diskreter und tiefer, verdient es, enthüllt zu werden, denn Medjugorje heißt Überfluß an täglichen guten Nachrichten: diskrete Neuigkeiten, die erst im Himmel erstrahlen werden: Bekehrungen, Schutz, Heilungen (s. u., 6. Kapitel). Um diese tiefe Wahrheit zwischen den Angriffen der Gegner und den Übertreibungen der Inbrunst zu bekunden, drängt sich eine Information auf. Mehr als die Neuigkeiten Tag für Tag bringt dieses Buch die Lage auf den Punkt, es ist eine Hilfe, damit wir wissen, wohin wir gehen. Es offenbart in Medjugorje etwas Seltenes: die Beharrlichkeit. Selbst in der Kirche sind viele, durch die Medien angekündigte Strohfeuer schnell zu Asche geworden. Und hier, trotz aller Gegnerschaft: kommunistische, dann kirchliche (nicht weniger bedeutend), geht Medjugorje weiter, im Gehorsam, in der Ordnung, der Inbrunst, der Bescheidenheit, dem Dienst, der Beharrlichkeit und einer anhaltenden Kreativität. Kurzum behält unsere Chronik ihre Daseinsberechtigung. Sie faßt in rechter Ordnung die Neuigkeiten der Seher, die Untersuchungen, die Vorsicht der Kirche, über die sich viele Menschen selbst Fragen stellen, die Früchte, die Botschaften, eine Gesamtbilanz und die wichtigen Dokumente des Jahres zusammen.

Trotz ihrer „Abgedroschenheit" vermehren die Botschaften weiterhin tiefe Bekehrungen wie nirgendwo sonst, sei es die Erstbekehrung ausgehend vom Abfall vom christlichen Glauben oder von der Ungläubigkeit, sei es eine Berufung, ein neuer Schwung: die zweite Bekehrung, der die christliche Spiritualität so viel Bedeutung beimißt, hin zum Gebet, dem Dienst, der Selbsthingabe, mit einer bemerkenswerten Beharrlichkeit.

Der Krieg ist zu Ende, aber das Schlachtfeld ist trostlos. Tiefe Feindschaften bleiben bestehen, die Schocks der Nachkriegszeit hören nicht auf, während man täglich an Ort und Stelle, in den Herzen, die Folgen der Kämpfe, der ethnischen Säuberung, einschließlich riesiger Leichenhaufen, entdeckt, die nach Urteilen über Verbrechen gegen die Menschlichkeit rufen. Die Schäden sind im Verhältnis schlimmer als die unserer beiden Weltkriege in Frankreich: unzählige Witwen und Waisen, Verwundete und Behinderte aller Generationen, vertriebene, mittellose Menschen, ohne Arbeit, Wohnung, zerstörte oder beschädigte Produktionsmittel.

Man fragt sich im Lichte der Vergangenheit, wie die Menschen immer wieder die kostspieligen Mittel finden, Kriege zu führen, die alles zerstören, und wie die Menschen danach scheinbar nicht wiederherstellbare Ruinen so schnell aufbauen. Sogar in Verdun werden die ärgsten Schlachtfelder, die mit Bombentreffern übersäht sind und durch Giftgas und giftige Substanzen vergiftet wurden wieder grün und blühen wieder auf.

Medjugorje hat während des Krieges und bis auf den heutigen Tag vielfältige wirksame, diskrete Hilfsaktionen zur Sicherung des Überlebens und für den Wiederaufbau, mit einer großen Wirtschaftlichkeit der Mittel inspiriert und verwirklicht. Sie gehen weiter.

Ich bin verwundert über so viel stille Großherzigkeit, oft hauptberuflich: Bonifacio in Italien, Florence de Gardelle in Frankreich und so viele andere, in diesen beiden Pilotländern und anderswo, die ihr Leben, sowohl auf der materiellen wie auf der spirituellen Ebene für diese Sache geändert haben. Und beide Ebenen sind harmonisch verbunden, hier besser als anderswo. Es wäre wünschenswert, daß man einmal die entsprechende Ergiebigkeit der offiziellen Hilfeleistungen nach Bosnien und der von Medjugorje ausgehenden Privatinitiativen berechnet: letztere stehen in Kontrast zu denen, die groß herausgestrichen werden. Anstatt daß ein großer, ja sogar der größte Teil der Spenden von Verwaltungskosten, Werbung, manchmal übermäßig hohen Gehältern und Geschenken aller Art aufgefressen wird, ist es den Initiativen von Medjugorje gelungen, jede Superstruktur auszuschalten und die Spenden und Hilfsgüter dank einer außergewöhnlichen ehrenamtlichen Arbeit zur Gänze zu verteilen.

Alles das wird uns schließlich dazu führen, das Geheimnis von Medjugorje zu enthüllen: das Geheimnis Mariens.

Einige Leser bedauern, daß diese Chronik Gegnerschaften und Polemik der Medien, der Behörden oder religiöse Gegnerschaften beinhaltet. Diesmal werden wir uns kurz fassen, aber Medjugorje ist kein idyllischer Ort und lebt nicht jenseits dieser äußerlichen Gegnerschaften den geistlichen Kampf, der seit den ersten Seiten der Bibel eine grundlegende Dimension des Christentums ist: „Feinschaft will ich setzen zwischen dir und dem Weibe, zwischen deinem Sproß und ihrem Sproß. Er wird dir den Kopf zermalmen und du wirst ihn an der Ferse treffen.“ (Gen 3, 15).

Der Muttergottes ist dieser Kampf nicht fremd. Da, wo sie handelt und den Kopf der Schlange bedroht, hört die Schlange nicht auf, sie an der Ferse zu bedrohen.

1. Der vierzehnte Jahrestag

Der Jahrestag der ersten Erscheinung auf dem Erscheinungsberg (25. Juni 1981) wurde von einer immer größer werdenden Menge gefeiert, die die Größe der Vorkriegsjahre erreicht, die besten Schätzungen betragen 30.000 Pilger.

24. Juni: die Kontaktaufnahme

Die Vor-Erscheinung des Vortages, des 24. Juni 1981, war nur eine Kontaktaufnahme am Fuße des Berges, an einem Ort, den ich mit den Sehern überprüft habe, um die *Geschichte der Erscheinungen („Récit des apparitions")* (O.E.I.L., 1988, S. 22-23) festzustellen, und der eben erst von riesigen Gebäuden entstellt wurde. Sie sahen nur eine Silhouette. Zwei liefen davon und die anderen blieben, bestürzt. Rückblickend gesehen, haben sie auf diese ersten Augenblicke das Gesicht übertragen, die Hände, die sie erst am zweiten Tag wahrgenommen haben. Zu Weihnachten 1995 gab Marija diesen rituellen Kommentar zu den ersten Augenblicken ab:

Wir waren damals ein wenig unbeholfen und eingeschüchtert. Das Jesuskind wollten uns ermuntern. Während seine Mutter betete und mit uns sprach [tatsächlich fielen keine Worte bei dieser ersten Erscheinung], *ruhte Jesus in ihren Armen, ohne daß wir ihn sehen konnten. Aber plötzlich hob er seinen kleinen Arm und begann mit dem Schleier seiner Mutter zu spielen, wie es die Kinder tun. Dann, langsam und schüchtern, ließ er seine Augen hinter dem Schleier hervorschauen, dann seinen ganzen Kopf, und schaute uns geradewegs an. Er lächelte, und versteckte wiederum seinen kleinen Kopf hinter dem Schleier. Neuerlich kam er wieder hervor und schaute uns an, bevor er hinter seinem kleinen Versteck verschwand. Da verstanden wir, daß das Jesuskind mit uns verstecken spielte! Ein drittes Mal fing es wiederum damit an, was uns natürlich in große Freude versetzte. Nachdem es uns zugelächelt hatte, zwinkerte es uns zu, was uns tief berührte. Ein Baby kann nicht so schauen und lächeln, aber wir begriffen, daß es wirklich Gott war, der vor uns war (E, 1. Jänner 1996).*

Das ist natürlich eine Wiederherstellung mit dem Herzen, denn alle Seher haben klar gesagt und wiederholt, daß sie nichts als diese Silhouette und die Geste einer Frau gesehen haben, die „ihr Kind bedeckt und abgedeckt hat", ohne jede Klarheit über die Identität dieser Silhouette, die zugleich anzog und Furcht bis zur Flucht einjagte.

Am 24. Juni 1995 haben die Medjugorje-Pilger zum vierten Mal wieder den Friedensmarsch durchgeführt, vom Franziskanerkloster in Humac bis zur Kirche von Medjugorje. Da sich die vorigen Märsche wegen der Sommerhitze schwierig gestalteten, wurde dieser in das Morgengrauen vorverlegt: Abmarsch um 5 Uhr 45 morgens, mit den Gesängen und dem üblichen Gebet.

Msgr. Franić, emeritierter Erzbischof von Split, großer Unterstützer der Erscheinungen, der noch im vergangenen Jahr, im Alter von 83 Jahren, den Marsch eröffnet hatte, konnte ihn zu tiefstem Bedauern heuer nicht eröffnen.

Diesmal war der Himmel bedeckt und man befürchtete Regen. Er fiel im Umkreis.

Dies stoppte nicht die Dynamik dieses „Marsches", den Bonifacio lieber eine „Sakramentsprozession" für den Frieden nennt. An der Spitze wechselten sich die Priester ab, um das Allerheiligste zu tragen.

In der ersten Reihe begleitete Pater Slavko den Marsch mit tiefen und herzlichen Worten. Vicka war auch da, trotz der Krankheit des Vormonats, die zu Beunruhigung Anlaß gab, denn sie war einige Tage in einer Art Koma geblieben. Trotzdem betete sie rhythmisch mit klarer und fester Stimme die sieben *Vaterunser, Gegrüßet seist du Maria* und *Ehre sei dem Vater*, die die Muttergottes in Medjugorje verlangt. Milona, Prinzessin von Habsburg, die ehrenamtliche Sekretärin von Pater Slavko geworden war, übersetzte in alle dienlichen Sprachen, unterstützt von anderen Dolmetschern. Gut eingestellte Lautsprecher gewährleisteten den Zusammenhalt. Während des Weges gingen rundherum Gewitter nieder, darunter auch in Medjugorje, aber die Prozession bekam keinen einzigen Regentropfen ab, so „als ob ein riesiger unsichtbarer Regenschirm uns beschützte“, sagte einer der Teilnehmer.

Nach einem Marsch von 3 Stunden 30 Minuten treten sie in die Kirche von Medjugorje ein, wo der Pfarrer von Medjugorje, Pater Ivan Landeka, sie zum Eucharistischen Segen empfängt. Pater Aldo Rottini hat eine Video-Kassette dieser Prozession aufgenommen, die beste, sagt man, obwohl mit einer Teilnehmerzahl, die leicht unter der Zahl von 4000 Teilnehmern im vergangenen Jahr lag, da die Zeitänderung nicht rechtzeitig mitgeteilt wurde. Am Nachmittag geht ein entsetzliches Gewitter mit Hagel auf Medjugorje nieder. Diejenigen, die auf den Erscheinungsberg gestiegen waren, wie Bonifacio und seine Gruppe, kommen durchnäßt herunter. Die im Freien vorgesehene Messe wird in der Kirche abgehalten, in die nur eine Minderheit (die, die als erste gekommen waren) eintreten konnten. Hauptzelebrant bei der Messe ist Pater Ivan Bradvica von Konjic, an diesem 25. Jahrestag seiner Priesterweihe. Am Ende der Messe, Gebet, wie es üblich ist, der sieben *Vaterunser, Gegrüßet seist du Maria* und *Ehre sei dem Vater*, die von der Muttergottes verlangt wurden. Es ist nicht mehr der Zelebrant, sondern es sind die Seher, die an diesem Festtag fast alle da sind, die dieses von „der Gospa“ verlangte Gebet beten. Nach der Messe spricht Marija zu den Italienern mit einem wirksamen Übersetzungssystem, das für die zahlreichen Brasilianer und Polen improvisiert ist, die heute in Autobussen gekommen sind.

Von 22 Uhr 30 bis 24 Uhr nimmt die Menge an der eucharistischen Anbetung unter der Leitung von Pater Slavko teil. Sie mündet in den Jahrestag des 25. Juni ein, der nicht mehr der Vorabend des Festes, sondern das Fest ist, wie die Muttergottes es den Sehern gesagt hat.

– Nicht der 24., an dem ihr von mir davongelaufen seid, sondern der 25, als ihr euch mir genähert habt.

Sonntag, 25. Juni

Der Jahrestag fiel 1995 auf einen Sonntag. In diesem Jahr sind die Kroaten besonders zahlreich gekommen, oft zu Fuß und barfuß. Polen, Tschechien, die Slowakei, Amerika sind gut vertreten. Die australische Gruppe wird von Monsignore Henri Kennedy geleitet, in bischöflichem Ornat, emeritierter Bischof von Armidale, Diözesanbischof von Sydney, der zum dritten Mal hierher kommt. Unzählig sind die Beichten. Um 10 Uhr hält Pater Slavko eine beindruckende Predigt bei der italienischen Messe, viele verlangen die Kassette.

Am Abend findet die große Pilgerfeier unter der Leitung von Pater Rupčić statt, mit 120 Priestern. Neben ihm Pfarrer Ivan Landeka und Pater Jozo Zovko, der Pfarrer vom Juni 1981. Slavko liest die monatliche Botschaft, die Marija empfangen hat: *„Seid Friedensbringer ...“* (siehe unten, 7. Kapitel).

Währenddessen hatte Ivanka zu Hause, um 18 Uhr 35, ihre zehnte jährliche Erscheinung seit 1986.

> *Die Gospa ist während sechs Minuten erschienen, und als sie kommt, stößt Ivanka einen Schrei der Verwunderung aus: das ist ungewöhnlich. In diesem Jahr keine Tränen* (wie bei der tragischen Erscheinung von 1994), *sondern eine große Freude: „Die Gospa ist glücklich über alle, die hier sind. Sie bittet, daß man für die Familien bete. Die Familien brauchen das Gebet, denn Satan will sie zerstören. Die Gospa lädt uns ein, Boten des Friedens zu sein. Sie hat mit mir über die Geheimnisse gesprochen und hat uns alle gesegnet. Jetzt muß ich ein ganzes Jahr warten, um sie wiederzusehen“* (E, 1. Juli 1995, Écho, 121, 4b).

Die Seher stehen weiterhin den Pilgern zur Verfügung, um ihnen die Botschaften zu erklären. Mirjana hat mit Nachdruck zum Gebet für die Ungläubigen eingeladen:

> *Wenn ihr ein einziges Mal die Tränen sehen könntet, die auf dem Gesicht der Gospa für die Ungläubigen fließen, würdet ihr alle Tage für sie beten, ihr könntet sie nicht mehr vergessen* (E, 1. Juli 1995).

Einem Pilger, der bedauerte, nicht mit dem Herzen beten zu können, antwortete sie heftig:

> *Ich kann ihnen nicht helfen, denn ohne das Herz kann ich nicht beten. Für mich heißt beten immer, mit dem Herzen beten. Ich kann nicht anders* (a.a.O.).

2. Seher und geistliche Führer

Die Jugendlichen, die ich gekannt habe, sind jetzt alle erwachsen und alle sind verheiratet, mit Ausnahme von Vicka: junge Familien mit einem bis drei Kindern (oben, S. 6).

Man nahm Anstoß, daß den zunächst von mehreren ins Auge gefaßten Berufungen nicht gefolgt wurde. Aber wir haben bereits die äußeren, manchmal brutalen Ursachen erklärt, die sie dazu führten, sich anders zu entscheiden, in Übereinkunft mit Unserer lieben Frau, denn sie haben nichts gemacht, ohne sie zu fragen. Und auf jede Anfrage antwortete sie:

— *Ihr seid frei, die Entscheidung liegt bei euch.*

Sie ist weder possessiv noch autoritär, noch steuernd. Das ist ihr Erziehungsstil, sie beruft sich auf die Freiheit, die jeder haben muß, in der Verfügbarkeit des Heiligen Geistes, der unsere Freiheit schafft und sie zu der besten ihrer Wahlmöglichkeiten erweckt.

Hier sind die Neuigkeiten, die uns zu einer Bewertung ihrer Rolle führen werden, auf schwierigen und verschiedenartigen Wegen, jenseits von oberflächlichen und unsicheren Projektionen und Klatsch. Jeder ist seinem Weg gefolgt. Wenn der Heilige Geist und Maria uns vor allem lehren, uns mit Christus zu identifizieren, als Sohn des Vaters, in seinem Mystischen Leib, so heißt das keineswegs in einer Gußform. Nichts ist verschiedener als die Berufungen, die vom Geist erweckt werden: Leben, Arbeit, Beruf, Gebets- und Handlungsstil.

1. Die Seher

Ivan

Ivan, am 5. Mai 1995 mit seiner Gattin Laureen Murphy aus Boston aus Amerika zurückgekehrt, ist Ende August nach Amerika zurückgefahren, über London, wo er mit Pater Slavko Versammlungen abgehalten hat.

Er ist erst im Frühjahr 1996 nach einer Tournee, die er mit Laureen und ihrer kleinen Kristina Maria machte, nach Medjugorje zurückgekehrt.

Er war es, der üblicherweise seine Gebetsgruppe und manchmal alle anwesenden Pilgerzu den nächtlichen Erscheinungen an den Dienstagen (auf dem Erscheinungsberg) und Freitagen (am Križevac) versammelte. Er hat die Nachfolge Vicka übergeben, die ihn manchmal begleitete, so daß diese intime Zeremonie weitergeführt wird. Bei seiner Rückkehr hat er seine Familienpension wieder geöffnet, die sein Broterwerb in Medjugorje sein wird, wie für Ivanka, Mirjana und Vicka. Er führt sie in ihrem sehr schönen Haus, das immer mehr Zweitwohnsitz gleicht, während der Wintermonate, die das Paar in Amerika verbringen wird, wo die Familie Laureen wiedersehen möchte, von der Familie und den Sehern beschützt, die ganz in der Nähe sind.

In Boston bleibt Ivan sehr aktiv, er lädt in den ganzen Vereinigten Staaten zu Treffen, Vorträgen und Gebetskreisen ein.

Ivanka

Ivanka kultiviert entschlossen ihre Berufung, keine „Seherin" zu sein, sondern ihr Leben einer Frau des kroatischen Volkes, Gattin und Mutter, auf gewöhnliche Weise zu leben, die sie in keiner Weise abhebt. Dieses schöne und begabte Mädchen hat in keiner Weise versucht, sich die Vorteile zunutze zu machen, die ihr ihre Begabungen und ihr Ansehen als Seherin hätten geben können. Sie ist frei von jeglicher Gefallsucht, jeglicher Sorge um ihre Figur, sie paßt sich dem Stil der Matronen der ländlichen Umgebung an. Sie nahm nur sehr selten Reisen an, die vor allem Aufenthalte bei Freunden sind, die sie in Medjugorje empfängt. Manchmal verteidigt sie recht hart diese Zurückgezogenheit. Ich bin daran gestoßen, wie die anderen. Sie lebt von einer Familienpension für Pilger in ihrem großen Haus abseits von Medjugorje, in Richtung Ljubuski. Sie hat eine harte Aufgabe mit dem Fremdenheim und ihren drei Kindern, aber sie scheut ihre Mühe nicht. Sie hat ihr Ziel der Zurückhaltung und Bescheidenheit erreicht. Diese Farbe hat ihren Preis in dem Regenbogen der Seher.

Jakov

Jakov, dessen Haus ganz nahe bei denen von Mirjana und Ivan steht, führt das problemlose Leben der glücklichen Menschen, mit Anna Lisa, seiner Gattin, und seiner Tochter Ariana Maria, die nun bald zwei Jahre alt ist. Sie erwarten für September 1996 ihr zweites Kind. Sein italienischer Gast, der ihn freigebig und hochherzig während einiger Jahre bei sich aufgenommen hatte, hilft ihnen weiterhin, ohne Sorgen zu leben. Jakov führt ein bescheidenes Leben, aber mit einem neuen Haus und einem Auto. Er ist in der Pfarre angestellt.

Er ist nicht mehr der Jugendliche, der zögernd sein Gleichgewicht sucht. Er hat üblicherweise seine tägliche Erscheinung bei sich zu Hause. Sehr selten in der Pfarre. Aber er übernimmt es jetzt, Zeugnis abzulegen: „Als ich klein war, flüchtete ich vor den Pilgern, aber jetzt versuche ich, sie zu empfangen", sagte er im April 1995 zu Schwester Emmanuel. Sie stellte ihm daraufhin diese Frage:

– Was würdest du einem Kranken sagen oder einer Familie, in der ein Kranker ist?

Er antwortete:

– Man muß um die Gnade bitten, Dank zu sagen.

Marija

Marija lebt in Italien mit ihrem Mann, Paolo Lunetti. Sie haben jetzt zwei Kinder, Michele und Francesco Maria, geboren am 24. Jänner 1996 (s. oben S. 6). Aber sie kommt ziemlich oft nach Medjugorje an Wochenenden oder für längere Aufenthalte während der Ferien, in dem schönen Haus, das ein Amerikaner ihr in Bijakovići voll zur Verfügung gestellt hat. Sie empfängt nach wie vor die monatliche Botschaft jeden 25. des Monats. Sie schreibt sie sogleich nach der Erscheinung nieder und gibt sie weiter zur Übersetzung und Verbreitung in der ganzen Welt. In Medjugorje und auf ihren Reisen gibt sie gerne Zeugnis mit einem sehr feinen Talent der Beschreibung und der Pädagogik. Schwester Emmanuel gibt ihre Worte wieder über den Ursprung des Blauen Kreuzes: einem der Erscheinungsorte am Hang des Podbrdo, unten, bei der Straße:

Es ist unglaublich, was einige Führer zu den Ereignissen der ersten Tage erfinden können! Tatsächlich hat alles begonnen, als die Miliz verboten hat, auf den Berg zu gehen. Wir [die Seher] *gingen da vorüber und plötzlich ist uns die Gospa erschienen: das war unerwartet. Wir haben gebetet, gesungen. Die Milizsoldaten suchten uns. Sie kamen da vorbei, aber sie waren wie blind. Sie konnten uns nicht sehen. Sie hörten auch unsere Gesänge nicht. Von diesem Tag an erschien uns die Gospa dort sehr oft, und die Miliz hat uns dort nie gefunden. Eines Tages hat jemand ein Kreuz errichtet und es blau angemalt. Aber es war nicht die Muttergottes, die die Farbe ausgesucht hat* (E, 15. Juli 1995).

Es handelt sich natürlich nicht um die erste Erscheinung. Das betrifft wahrscheinlich den Beginn des Monats Juli, als das Betreten des Erscheinungsberges untersagt wurde und sich die Seher heimlich versammelten, da und dort, mit oftmaligem Wechsel, um nicht gefunden zu werden. Die hier von Marija beschriebenen Erscheinungen fanden statt, bevor sich die Erscheinungen im Laufe des Juli in der Kirche ansiedelten. Dieser Ort der Zeit der Verfolgung hat sie geprägt. Wahrscheinlich kommt Ivan deswegen oft hierher zu seinen nächtlichen Erscheinungen.

Ich möchte die Pilger ermutigen, zum Blauen Kreuz zu kommen, um zu beten, denn es ist ein sehr intimer und gesegneter Ort, den wenige kennen, und der gut die Demut Mariens zeigt [die damals, zur Zeit der Drangsale von Juli 1981, sich darauf beschränken mußte, mit der Polizei Verstecken zu spielen]. *Dort regnet es Gnaden (a.a.O.).*

Florence de Gardelle, eine der Leiterinnen von Hilfslieferungen nach Bosnien hat die Vorhersage Marijas überbracht:

Im Jahr 1987, die Franzosen glänzten in Medjugorje durch ihre Abwesenheit, hatte ich mich mit vier anderen Pilgern zu Marija begeben, in einem Menschenmeer von Amerikanern und Italienern. Während sich die Menge zurückzog, erklärte Marija: „Die Gospa sagt, daß nicht viele Franzosen in Medjugorje sind, aber ihr, die ihr da seid, werdet viele Gnaden erhalten, und es wird in euren Familien bei eurer Rückkehr viele Gnaden geben. Denn ihr seid berufen.“ Ich habe fest-

gestellt, daß das, was die Gospa sagte, wahr war. Es war ein Kettenwunder in unseren Familien. Seit dem Krieg hat sie das Kommen französischer Pilger vervielfacht und ich kann bezeugen, daß die Gnaden überreichlich fließen. Ja, die Königin des Friedens wird Frankreich retten (E, 15. August 1995).

Schwester Emmanuel hat sie über die Einladung befragt, Maria Valtorta zu lesen, die man einigen Sehern von Medjugorje zuschrieb:

– Hier das Ergebnis: 1. Die Gospa hat Vicka niemals etwas über Maria Valtorta gesagt, wie dies leider veröffentlicht wurde. Vicka hat im übrigen der Muttergottes niemals diese Frage gestellt.
2. Die Muttergottes hat diesbezüglich nur mit Marija Pavlović gesprochen. Das war 1982. Zu dieser Zeit beendete Marija in Mostar ihre Friseurausbildung. Um ihr zu ermöglichen, ihre Erscheinungen unter guten Bedingungen zu haben, hatte ihr ein Franziskaner, Pater Franjo einen kleinen Raum eingerichtet, wohin sie nach dem Unterricht beten ging. Pater Franjo erhielt oft Fragen über das Buch von Maria Valtorta: vor allem von seiten der Jugendlichen, die er betreute. Er wollte ihnen keine Antwort geben, ohne ganz bewußt seiner selbst sicher zu sein. Da flehte er Marija an, die Gospa zu fragen, ob dieses Buch wahr sei.
Marija stimmte zu und überbrachte die Frage genauso der Muttergottes:
– Ist dieses Buch wahr?
– Ihr könnt es lesen, hat sie geantwortet.
Nicht mehr und nicht weniger.
Wie immer [kommentiert Schwester Emmanuel] *hat die Muttergottes mit Einfachheit gesprochen, sie gibt grünes Licht, indem sie die Freiheit und die Sensibilität jedes Einzelnen respektiert.*
Von diesen vier Worten der Muttergottes ist alles andere ausgegangen. Sie bedeuten: „Ihr könnt es lesen“ und nicht „Ihr sollt es lesen“.
Vergessen wir nicht, daß die Gospa vor allem verlangt, daß man die Bibel vor jedem anderen Buch liest und geweint hat, daß wir sie vergessen haben.

Diese Lektüre ist nicht fakultativ, sie ist notwendig. Die Heilige Schrift soll an einem sichtbaren Ort in unseren Häusern liegen, sagt die Gospa, und wir sollen sie in der Familie lesen. Es hieße daher, der Muttergottes untreu sein, wenn man Maria Valtorta lesen und die Heilige Schrift vernachlässigen würde. Im Gegenteil! Maria Valtorta soll uns dazu drängen, die Bibel zu lesen. Nach der Bibel hat uns die Gospa öfters empfohlen, das Leben der Heiligen zu lesen (E, 15. August 1995*).

Marija ist gekommen, um das Fest der Unbefleckten Empfängnis in Medjugorje zu verbringen, verbrachte aber Weihnachten in ihrer Familie in Monza.

Vom 13. bis 16. November hat sie mit Pater Slavko Gebetstreffen in verschiedenen italienischen Städten abgehalten. Im September erfuhr man, daß sie für Jänner 1996 ihr zweites Kind erwartet *(Écho 122, 5a).*

In dem Monat, den sie vor Ostern 1995 in Medjugorje verbracht hat, lud sie die Gemeinschaft der Seligpreisungen ein, mit einem ausländischen jungen Mädchen an der Erscheinung bei ihr zu Hause teilzunehmen. Nach der Erscheinung erklärte Marija:

– Entgegen ihrer Gewohnheit hat die Gospa, nachdem sie auf Kroatisch gebetet hat, nach einer Zeit der Sammlung, in ihrer Muttersprache fortgesetzt.

Das eingeladene junge Mädchen stand dem jüdischen Volk sehr nahe. Die Teilnehmer sahen darin eine mütterliche Aufmerksamkeit und eine Erinnerung an ihre Verbundenheit mit ihrem Volk.

Mirjana

Mirjana, Mutter zweier Kinder, führt eine Familienpension für die Pilger in der Nähe von Jakov und Ivan. Ihrer Berufung gemäß legt sie Nachdruck auf das Gebet für die Ungläubigen:

– Wenn ihr ein einziges Mal die Tränen sehen würdet, die auf dem Gesicht Unserer lieben Frau für die Ungläubigen

---

*) richtig: Sr. Emmanuel 1. Oktober 1995 /Anm. des Übersetzers

fließen, würdet ihr jeden Tag für sie beten und es nicht mehr vergessen.

Lange Zeit zurückhaltend, gibt sie gerne und auffallend Zeugnis, mit ihren Begabungen und ihrer Intelligenz, auf englisch und italienisch, wie auf kroatisch. Hier ihre Antwort auf eine Frage über die Familie, die ihr am Herzen liegt:

– Was würdest du einer verheirateten Frau sagen, die keine Kinder will?
– Für mich gibt es nichts Schöneres, als Kinder zu haben. Aber viele Paare fürchten um ihre Zukunft. Die Gospa sagt: „Je mehr Kinder man bekommt, desto besser. Man sollte vielmehr fürchten, keine Kinder zu haben!" Sie weiß, warum sie das sagt, ich weiß es auch, aber ich kann nicht mehr darüber sagen.

Sie bezieht sich auf die Geheimnisse, die die Zukunft der Welt betreffen, diese Geheimnisse, von denen einige ernst und sogar tragisch sind, hindern sie nicht am Wunsch, viele Kinder zu haben. Sie schließt:

– Nicht ihr seid es, die das Glück eurer Kinder bestimmen. Vertraut Gott und der Gottesmutter ihre Zukunft an. Habt keine Angst. Was die Geheimnisse betrifft, so hat die Gospa gesagt: „Habt keine Angst, denn die, die Gott zum Vater und mich zur Mutter nehmen, brauchen keine Angst zu haben." (E, 1. September 1995).

Mirjana hatte ihre fünfzehnte Erscheinung an ihrem Geburtstag an dem Tag, an dem sie 31 Jahre alt geworden ist: am 18. März 1996. Diesmal war es eine öffentliche Erscheinung in dem übervollen grünen Zelt, um 14 Uhr. Die Versammlung betet den Rosenkranz, Marija, die älteste Tochter von Mirjana, seit dem vergangenen 8. Dezember fünf Jahre alt, betet eines der Gesätzchen vor dem Mikrophon auf den Knien ihres Papas. Mirjana kniet vor der Statue der Muttergottes und hebt plötzlich den Kopf und die Augen hinauf, ein Lächeln erleuchtet ihr Gesicht. Während der Erscheinung wechseln Augenblicke der Freude und Augenblicke der Traurigkeit. In der letzten Minute heben sich die Augen noch mehr, die Augäpfel sind halb von den Lidern verdeckt, nehmen dann wieder eine normale Stellung ein, am Ende überwiegt die Traurigkeit, sie senkt den Kopf. Auf der Video-Kassette sieht man deutlich zwei Tränen fließen. Die Erscheinung hat sechs Minuten gedauert. Mirjana hat erklärt:

– Zu Beginn der Erscheinung war die Gospa fröhlich. Dann ist sie traurig geworden. Am Ende war sie wiederum fröhlich.

Dennoch sind Traurigkeit und Tränen auf Mirjanas Gesicht augenscheinlich. Weil die Trennung für sie immer dramatisch ist. Sie ging sogar so weit, ihren Freunden zu sagen:

– Wenn sie weggeht, trotz meiner Liebe zu meiner Familie, läßt alles in mir den Wunsch aufsteigen zu sterben, um mit ihr fortzugehen.

Sie fährt fort:

Wir haben zwei Vater unser und zwei Ehre sei dem Vater für die anwesenden Personen gebetet und für die, die die Liebe Gottes noch nicht kennen.

Entgegen dem, was sich üblicherweise in Medjugorje ereignet, ist Mirjanas Stimme bei diesen zwei Vater unser, die privat für die anwesenden Personen gebetet wurden, nicht wieder zu hören gewesen. Sie fährt fort:

Wir haben von anderem gesprochen, aber ich kann euch nichts davon mitteilen, da es sich um die Geheimnisse handelt.
Die Muttergottes hat alle anwesenden Personen und alle religiösen Gegenstände gesegnet. Ich, Mirjana, die ich sah, habe die Liebe der Muttergottes gespürt. Ich lade euch ein, ihre Botschaft zu meditieren und zu leben.

Mit diesen Worten hat sie die Botschaft vom 18. März 1996 überbracht:

Ich wünsche, daß ihr über diese Botschaft, die ich euch heute durch meine Magd gebe, lange nachdenkt. Meine Kinder, groß ist die Liebe Gottes. Verschließt nicht eure Augen, verschließt nicht die Ohren, wenn ich euch wiederhole: Groß ist Seine LIEBE.
Erhört meinen Aufruf und mein Flehen, das ich an euch richte: Weiht euer Herz und macht aus ihm ein Haus Gottes. Er soll für immer in ihm wohnen.
Meine Augen und mein Herz werden hier sein, auch wenn ich nicht mehr erscheinen werde. Handelt in allem, wie ich euch bitte und wie ich euch zu Gott führe.

Werft nicht den Namen Gottes von euch, damit ihr nicht verworfen werdet. Nehmt meine Botschaft an, damit ihr angenommen werdet. Entscheidet euch, meine Kinder, es ist die Zeit der Entscheidung. Habt ein gerechtes und unschuldiges Herz, damit ich euch zu eurem Vater führen kann. Denn daß ich hier bin, ist wegen Seiner großen Liebe. Danke, daß ihr hier seid.

Vicka

Von September 1995 bis März 1996 hat Vicka Ivan auf dem Berg bei den nächtlichen Erscheinungen der Dienstage und Freitage vertreten. Manchmal wurde sie durch ihre Gesundheit gestoppt, insbesondere ein ernster Alarm, dann eine anhaltende Sinusitis im Dezember 1995. Sie war mehrere Tage in einer Art Koma, aber jedes Mal erholt sie sich wieder. Wie wir gesehen haben, handelt es sich um eine Art geistlicher Prüfung (DM 8, 18; 9, 21) und wenn sie wieder in der Öffentlichkeit erscheint, dann immer lächelnd, stärkend, großherzig offen allen gegenüber, mit einer außergewöhnlichen Gewandtheit, um jedem zu antworten, nacheinander und wohl geordnet.

Ihr ein wenig geschwollenes Gesicht bestätigt, daß sie kortisonartige Medikamente nehmen muß, aber sie spricht niemals über ihre Gesundheit; sie kann geschickt Fragen diesbezüglich ausweichen, oder sie antwortet mit völligem, manchmal paradoxem Optimismus.

Nach ihrer Ausführung vom 27. April vor den französischen Pilgern, hat sie mich freundlicherweise zu einem kurzen Gespräch empfangen.

Frage. – Zunächst, Vicka, wie geht es dir? Du wirst mir bloß antworten, daß alles sehr gut läuft!

Vicka, mit einem breiten Lächeln. – Ja, sehr gut, sehr gut!

Fr. – Alle Seher sind jetzt verheiratet, außer dir. Könntest du uns die Gründe für deine Entscheidung sagen?

V. – Ich habe keine Entscheidung getroffen, ich lebe Tag für Tag nach dem Willen des Herrn und der Gospa.

R. L. – Also, dann hast du keine Entscheidung getroffen?

V. – Nein, keine Entscheidung. Das tägliche Leben genügt mir.

R. L. – So, daß du keine besondere Motivierung hast, ehelos geblieben zu sein? Du hast Kinder gerne . . .

V. – Ja. Wir sind frei. Die Gospa lädt uns dazu ein, ich nütze meine Freiheit ohne Zukunftsprogramm.

Am 30. August 1995 hatte sie eine sehr spezielle Audienz beim Papst, indem sie 21 Busse mit Kriegswaisen und deren Müttern – für die, die noch eine haben: insgesamt 1000 Personen, in den Petersdom von Rom begleitete.

Ende Juli gab sie Näheres bekannt über das Zeichen, das auf dem Erscheinungsberg erscheinen soll (drittes Geheimnis). Sie sagt, daß sie diese Worte Wort für Wort behalten hat:

> – *Bekehrt euch. Wartet nicht auf das Zeichen. Wenn das Zeichen kommt, wird es zu spät sein.* (E, 15. August).

Sie kann keinen Kommentar dazu abgeben, ohne das Geheimnis selbst zu verraten, von dem die Seher jedoch gesagt haben, daß es sichtbar und dauerhaft auf dem Erscheinungsberg sein wird. Es scheint, daß es zu ihren Lebzeiten kommen wird, wenn nur mehr ein einziger Seher seine täglichen Erscheinungen haben wird. Was heißt „zu spät"? Muß man darunter den Zeitpunkt verstehen, wo die höchste Anhäufung an Sünden das Ärgste auslösen wird? Vicka folgert nur:

> – *Deshalb besteht die Gospa so sehr darauf, uns zu sagen, daß diese Zeiten Zeiten großer Gnade sind* (E, 15. August 1995).

Seit Herbst hat sie auf Reisen verzichtet, um ihre kranke Mutter zu pflegen (Eco 123, 4a).

Vicka geht häufig in die Gemeinschaft der von Schwester Elvira regenerierten Ex-Drogensüchtigen. Sie stützt sie durch ihre warme Freundschaft und kocht für sie.

Sie ist zu allem bereit, um ihnen zu helfen. So hat sie sich von Schwester Elvira zu einer großen Tournee nach Brasilien überreden lassen, um Häuser für Kinder in Not zu gründen. Und weiß Gott gibt es viele davon in diesem Land, wo so viele Kinder, ohne jegliche Familie, in dem Dschungel der größen Städte wohnen: kleine wilde Tiere, die die Geheimpolizisten wie Hasen abschießen. Aber am Vorabend der Abreise hatte Vicka keinen Reisepass und mußte da bleiben. Bei ihren Reisen hält sie ihr Versprechen oft nicht ein.

Vicka ist ganz Selbsthingabe: eine vollkommene Hingabe, daher ihr waches Bewußtsein, nicht genug im Hinblick auf Gott getan zu haben, der uns alles geschenkt hat, und auf Maria, die sich auch ganz mit IHM geschenkt hat und alles mit ihrem Sohn geopfert hat. Sie hat erklärt:

– Alles, was wir machen können, ist nichts im Vergleich zu dem, was wir für die Gospa machen müßten. Man müßte viel mehr für sie tun.

2. DIE SEHER DER ZWEITEN GENERATION

Gleiche glückliche Entwicklung bei den Sehern der „zweiten geistlichen und charismatischen Generation von Medjugorje", Jelena und Marijana.

Jelena

Jelena, 23 Jahre alt, wurde von ihren Eltern ausnehmend gut erzogen, insbesondere von ihrem Vater, der menschlich und christlich außergewöhnlich wertvoll, gepaart mit einer Feinheit, einem Zartgefühl und einer bemerkenswerten Unterscheidungsgabe. Seit 5 Jahren wurde sie in die Universitäten eingeladen, die ihrer wachen Intelligenz ein wahre theologische Kultur eröffnet haben.

Sie hat jetzt ihren Kursus beendet, den sie im September 1991 an der Universität Steubenville (Ohio, USA) begonnen hat, der christlichsten aller Universitäten der ganzen Welt, wo am meisten gebetet wird. Die großen Institutionen sind ja selten Orte, wo das Gebet aufblüht, ich kenne keinen anderen, wo die Hälfte der Studenten spontan an der täglichen Messe teilnehmen, in einer Atmosphäre von lebendigem und kreativem Glauben. Anfangs war Jelena schon perfekt zweisprachig (kroatisch-italienisch). Sie ist jetzt perfekt dreisprachig.

Sie hat ihren Kursus mit einem Diplom über die Familie beendet, die ihr am Herzen liegt wie Mirjana und praktisch allen Sehern. Sie setzt jetzt ihre Studien an der Universität Gregoriana in Rom, „Salita del Grillo“, fort, die von Dominikanern geführt wird, das Forum und die Piazza Venezia überragt, eine der vom Standpunkt der Kirchenlehre aus betrachtet sichersten Universitäten. Hier hat Johannes Paul II. einen Teil seiner Studien absolviert und seine Doktorarbeit in Theologie über den Heiligen Johannes vom Kreuz in der Schule von Garrigou Lagrange geschrieben. Jelena weiß nicht, ob sie heiraten wird oder eine radikalere religiöse Berufung wählen wird, wobei sie ihre wohlüberlegte Anziehung für die Familie opfern müßte. Sie ist offen für das, was der Wille der Muttergottes und des Heiligen Geistes sein wird, mit einem tiefen Gebetsgeist.

Jelena hat ihre Weihnachtsferien in Medjugorje verbracht, dann ist sie nach Rom zurückgekehrt, wo sie ihr Theologiestudium an der Dominikaneruniversität „Angelicum“ fortsetzt. Sie wohnt mit ihrer Schwester und ihrer Cousine. Sie beeindruckt durch ihre Weisheit und ihre Tiefe. Auf die Frage von Schwester Emmanuel:

– Was lehrt dich die Gospa [durch ihre Einsprechungen]?

Hat sie geantwortet:

– Gott ist gegenwärtig in jeder Kleinigkeit unseres Lebens, in der geringsten Handlung unserer Tage, in den materiellsten und scheinbar unbedeutendsten Dingen. In jeder Sekunde gibt er sich ganz, und es ist nicht richtig, wenn wir unsere Aufnahme und unsere Beziehung zu IHM in separate Zeiten hineinzwängen. Es bedarf natürlich Zeiten, wo man für IHN innehält, aber versäumen wir es nicht, ihm gegenüber in jeder Sekunde offen zu sein. So werden wir durch die beständige Hingabe seiner selbst bereichert und der kleinste Augenblick wird einen immensen Wert bekommen. Das lebte die Muttergottes auf Erden: eine ständige Kommunion mit IHM.

Jelena ist jetzt 23 Jahre alt und hat ihre Lebensentscheidung noch nicht getroffen.

– Wichtig ist [sagt sie], *daß ich völlig in der Gegenwart lebe. Ich fürchte in keiner Weise die Zukunft, denn Gott kennt sie. Ob ich heirate oder nicht, ist für mich nicht wichtig. Das ist keine Sorge, denn Gott erfüllt voll und ganz mein Herz. Jede Frau ist zur Mutterschaft berufen. Das ist das Schönste für*

sie. Aber es gibt tausend Weisen, diese Mutterschaft zu leben: nicht nur im Fleisch. Ich lerne von Maria, Mutter der Seelen zu sein, sogar vor meinen Büchern! Die Welt versteht das nicht, und doch stirbt sie aus Mangel an Mütterlichkeit.

Jelena, mit den glänzendsten Eigenschaften begabt, ist bescheiden und hat keinen persönlichen Ehrgeiz. Sie würde gerne Medjugorge ihre Dienste zur Verfügung stellen, mit ihren überreichen intellektuellen Fähigkeiten.

Marijana

Marijana hat im Bereich ihrer Krankenschwesternausbildung weitergemacht, die sie mit Jelena (die ein Jahr nach ihr kam) gemacht hatte.

Was sie betrifft, so ist sie in Citluk bei Medjugorje verheiratet, bescheiden und zurückhaltend wie Ivanka.

3. DIE ERSTEN GEISTLICHEN FÜHRER VON MEDJUGORJE

Medjugorje wurde durch bemerkenswerte geistliche Führer begünstigt, so verschieden sie auch sein mögen. Jeder fährt fort, das Projekt Unserer lieben Frau zu unterstützen, für das sie mehr oder weniger lang verantwortlich waren. Sie waren zahlreich in 15 Jahren, da Jozo von seiner Gründungsaufgabe in weniger als zwei Monaten weggerissen wurde; und die anderen immer schneller vom Bischof, der ihre aufeinanderfolgende Ausstrahlung fürchtete, ausgetauscht wurden.

Jozo Zovko

Von seiner Aufgabe als Prior in Široki Brijeg, der Hochburg der franziskanischen Märtyrer, befreit, mit allen Hilfen, die er dort einrichtete, gibt sich Jozo Zovko hin, ohne zu zählen, in zahlreichen Tourneen, wo er die höchsten Persönlichkeiten trifft, mit der zweifachen Sorge, für sein Land zu intervenieren (ein kroatischer Patriotismus, der einen manchmal außer Atem bringt), aber einem noch größeren Eifer für Unsere liebe Frau und das Werk der Gnade. Im September 1995 war er in Kanada (Et 28.

10). Er hat den Fall der Krajina als außergewöhnliche Gnade beschrieben:

– *Das Wunder ist geschehen. Die serbische Armee* [nur 4% sind getauft] *voll bewaffnet und viel mächtiger, hat ihre Waffen liegenlassen und ist geflüchtet. Kroatien hat den Feind nicht mit Waffen verjagt. Einige Dörfer waren schon verlassen, als die kroatische Armee gekommen ist. Für uns ist das ein großes Zeichen! Mehr als 150.000 Flüchtlinge konnten nach Hause zurückkehren. Die Muttergottes verwirklicht ihren Friedensplan, sie läßt jeden, der es will, die Macht des Gebetes verstehen. Wir beten weiter!*

November-Dezember ist er in England, von wo er Anfang Dezember nach Hause zurückgekehrt ist. Er hat über die Rolle Mariens gepredigt. Hier einige hervorstechende Stationen der Reise:

In London, am 13. November, traf er privat den anglikanischen Bischof Franck Seargent, sowie die Nummer eins der ökumenischen Angelegenheiten für die Anglikanische Kirche, Doktor Richard Marsh. Letzterer eröffnete den Dialog, indem er seinen Rosenkranz aus seiner Tasche zog und zu Pater Jozo mit Freude sagte:
– *Dieser Rosenkranz kommt aus Medjugorje* (E, 15. Dezember).

Dies könnte wie ein Scherz erscheinen. Es gibt eine Erklärung. Vor rund fünfzehn Jahren hatte der Methodistenpfarrer den Rosenkranz entdeckt, ihn in seiner Pfarre angewendet, und er hatte ein Buch zu seiner Verbreitung geschrieben. Dieser Strom fließt weiter.

In London sprach Pater Jozo in der berühmten anglikanischen Kirche Saint-Martin-of-the-Fields. Er verbreitete dort die Botschaften der Gospa.

Ein anglikanischer Priester, Frater Robert Lellowin, beschloß den Abend indem er erklärte, daß es bereits Rosenkranzgruppen in seiner Pfarre gibt, denn:
– *Man darf nicht zulassen, daß die Katholiken alleine die besten Dinge haben. In einer anderen Stadt vertraute ein anglikanischer Priester Pater Jozo an:*

– Während der Einkehrtage hörte ich plötzlich die Stimme Gottes, die mir sagte: „Lerne den Rosenkranz beten". Ich fragte mich, wie ich das machen sollte, denn ich wußte nichts vom Rosenkranz. Ich sagte mir, die einzige Lösung wäre die, bei den Katholiken nachzusehen. Ich ging in eine katholische Buchhandlung und habe ein Buch über den Rosenkranz gekauft [wahrscheinlich das vom Methodisten], *sowie einen Rosenkranz. Seitdem bete ich jeden Tag meinen Rosenkranz* (E, 15. Dezember 1995).

Mit diesem Aufenthalt in England wurde das Jahr der großen Reisen beendet.

Im Juni 1995 hatte Pater Jozo viele italienische Städte besucht: Cuneo, Oropa, Torino unter der Teilnahme von tausenden von Menschen: während 5 bis 6 Stunden unterstrich er die Armut des Menschen heute und die Antwort der Botschaften Mariens sowie die Allmacht des Gebets (Éco, 123 4c).

Seine Rundreise in Kanada dauerte achtzehn Tage mit zwölf Treffen (*Écho*, 123 5c). Die Indianer bestanden auf einer Begegnung mit ihm. Sehr inbrünstig hat ihr Anführer ihn zum „großen Priester der Indianer" ausgerufen.

Er hat im Herbst Ozeanien und den Süden Asiens besucht, immer mit großen Menschenmengen. Er hat 46.000 Kilometer mit 67 Flugstunden und 25 Begegnungen in Australien, Neuseeland, dann Indonesien und Malaysien zurückgelegt. Er wurde dort mit großen Spruchbändern empfangen: „Willkommen, Maria, Mutter und Königin des Friedens".

Im Februar 1996 ist er in Italien mit 16 Bischöfen, darunter mehreren Kardinälen, zusammengetroffen, insbesondere Kardinal Silvano Piovanelli. Im März hat er Sarajevo besucht.

Tomislav

Tomislav Vlašić, seit dem 15. August 1981 sein Nachfolger in Medjugorje, wirkte die große Zeit von Medjugorje, er schien unersetzlich, als er bereits 1985 entfernt wurde. Er ist bald nach Italien ausgewandert, wo er weiterhin eine riesige Ausstrahlung unter der Jugend hervorruft und die Gemeinschaft gegründet hat, von der wir weiter unten sprechen werden.

Slavko

Slavko Barbarić, der auf ihn als geistlicher Führer von Medjugorje folgte, ist ein Jahr später ersetzt worden, aber vom Franziskanerprovinzial mehr oder weniger an Ort und Stelle belassen worden, weil seine sprachlichen Fähigkeiten ihn für den Pilgerempfang unentbehrlich machten. Auch er hat ein beeindruckendes Reiseprogramm absolviert, insbesondere in England (im August mit Ivan). 9.000 Personen kamen nach Aylesford, um ihn am 29. zu hören, dann hat er Österreich und Deutschland besucht (*Écho*, 123 5c), usw.

Er hält regelmäßig Gebets- und Fastenwochen im Domus Pacis von Medjugorje ab: 5 allein im November und Dezember 1995 (T 66c). Er hat auch Hilfswerke aufgebaut, insbesondere für die Waisenkinder, von denen wir weiter unten sprechen werden.

Pater Pervan

Vergessen wir nicht, daß während der ersten Periode, um weniger verletzbar gegenüber der kommunistischen Verfolgung zu sein, die Befugnisse in völliger Absprache zwischen dem geistlichen Führer (Tomislav, später Slavko) und dem Pfarrer, Pater Pervan, aufgeteilt waren. Dieser wurde später zu hohen Ämtern in der Provinz gerufen und konnte so Medjugorje diskret und wirksam beschützen.

Leonard Oreć

Pater Oreć, der Medjugorje von Grund auf neu aufgebaut hat: Gebäude, Plätze und alles andere, wurde seinerseits auch sehr schnell versetzt, da die Vorgesetzten die Ausstrahlung einer Persönlichkeit an diesem Ort schlecht ertragen konnten. Seit dem Beginn des Krieges widmete er sich den Hilfsbedürftigen, die durch so viel Gewalt und Zerstörung entstanden, mit seinem großen Organisationstalent und Talent an Wirksamkeit. Wir werden ihn wieder im Kapitel über die sozialen Früchte von Medjugorje finden.

Am 26. Juni 1995 hat man ihn gefragt:

– Welche Tätigkeit ziehen sie vor? Ihre alten Aufgaben als Pfarrer von Medjugorje oder ihre derzeitige Arbeit?

Er gab zur Antwort:

Jede Arbeit trägt zur Ehre Gottes und zum Heil der Menschen bei. Daher befriedigt mich die eine wie die andere. In Medjugorje stand meine pastorale Tätigkeit an erster Stelle. Jetzt betreue ich humanitäre Aufgaben, die auch mit meinen pastoralen Tätigkeiten in Verbindung stehen. Aber die Beziehungen zu Medjugorje sind nicht abgebrochen, ich bleibe in ständigem telefonischen Kontakt. Es vergeht sozusagen kein Wochenende, an dem ich nicht dort wäre.

Aber das bedeutet doch eine große Veränderung. Man hat ihn gefragt:

– Haben Sie in Split [wo er wohnt und arbeitet] die Möglichkeit, die Botschaft von Medjugorje zu verbreiten?

– Leider nicht, mir bleibt zu wenig Zeit dafür, gelegentlich spreche ich darüber in den Medien, aber die Kommunikationsmittel (Telefon und Fax) stehen für die humanitären Aktionen zu Verfügung.

Schluß

Dies alles zeichnet ein Bild der Treue, der Kontinuität, der Ausdauer, Geduld und des Gehorsams, aber auch der Kreativität und der Initiative, die an allen Fronten (des Geistlichen bis zum Sozialen) niemals fehlen, die die Stärke von Medjugorje ausmachen. Denn wenn alles von einer Gnade von oben ausgeht, so braucht Gott auf allen Ebenen fähige Menschen.

Die Priester von Medjugorje, deren Aufgabe schwer und schwierig ist, bieten das Bild einer beständigen und von Gott gesegneten Treue.

3. Untersuchungen und Unterscheidung der Kirche

Dieses Kapitel kann kurz ausfallen, denn seitens der verantwortlichen Obrigkeit ist alles auf dem toten Punkt, unter besorgniserregenden Bedingungen. Rufen wir das Wichtigste in Erinnerung, um die aktuelle Lage besser darzustellen.

Die offizielle Stellungnahme der jugoslawischen Konferenz

Kardinal Kuharić, Präsident der jugoslawischen Bischofskonferenz, hat um den Preis langer Geduldstrecken und Verhandlungen die Anerkennung der Wallfahrt und ihres Kultes im Herbst 1990 erreicht, auf zwei Ebenen (die in den approbierten Wallfahrtsorten nicht immer verwirklicht sind).

1. Zunächst wurde eine tatsächliche Anerkennung mit vollkommener Klarheit und Offensichtlichkeit durch eine Handlung gefeiert. Bischof Komarica (heute in seinem Bistum Banja-Luka von den Serben verfolgt) ist persönlich im November 1990 gekommen, um die *Pilgermesse* zu feiern, und er hat ausdrücklich erklärt:

– Ich komme nicht nur in meinem Namen, sondern im Namen aller jugoslawischen Bischöfe, Bischof Žanić eingeschlossen. [D. h. des Ortsbischofs, dem Gegner Nr. 1.] Andere Bischöfe werden kommen.

Und sie kamen auch zur Feier der Pilgermesse, einschließlich von Bischof Žanić mit seinem Erzbischof, dem künftigen Kardinal Puljić, immer noch Erzbischof von Sarajevo. Das war der Schlußpunkt zu dieser Anerkennung der Wallfahrt.

Besser konnte man es nicht machen; als der Kardinalvikar des Papstes kam, um den Kult von Trefontane in den Vororten von Rom anzuerkennen, nach fast einem halben Jahrhundert, hat er keineswegs soviel gemacht. Er begnügte sich damit, die Messe zu lesen, ohne etwas über die Erscheinung noch über sein offizielles Kommen im Namen des Heiligen Vaters zu sagen. Aber der Kult, der so lange gewartet hatte, gilt nunmehr, auf diese diskrete Weise, als anerkannt.

2. Auf arbeitsamere Weise ließ Kardinal Kuharić einen Text ausarbeiten, der diese Anerkennung zu Papier brachte. Seinen Absichten gemäß beruhte dies auf zwei sehr einfachen Punkten:

1.) Die Echtheit der Erscheinungen ist noch nicht anerkannt, aber die Untersuchung wird fortgesetzt.

2.) Der Kult ist anerkannt.

Aber der Ortsbischof, Bischof Žanić, nach wie vor böse darüber, daß Kardinal Ratzinger sein negatives Urteil abgelehnt und ihn von seiner Kompetenz zugunsten der Bischofskonferenz enthoben hatte, ließ diese positive Anerkennung mit zweideutigen und negativen Ausdrücken spicken, wodurch der Text schließlich unverständlich wurde. Angesichts dieses konfusen und unlesbaren Kompromisses beschlossen der Kardinal und die Bischöfe, ihn nicht zu veröffentlichen. Er würde für sie, intern, die schwierige Charta der tatsächlichen Anerkennung bleiben, die sie so schwer beschlossen und abgerungen hatten.

Aber am 2. Jänner 1991 wurde der geheime Text von der Presseagentur ASCA publiziert (über Initiative von Bischof Žanić, versichert die Gegenreform, die ihm darob Lob spendet), was eine große Unsicherheit und Verwirrung stiftete.

Mit seiner üblichen Geduld und Diplomatie führte Kardinal Kuharić die Absprache zu einem guten Ende und der durchgesehene und korrigierte Text, befreit von den negativen Zweideutigkeiten, bei denen man sich verlor, wurde präsentiert. Um der Klarheit willen geben wir diesen Text weiter unten (S. 48) wieder.

Die Lage war also wieder klar, umso mehr als mehrere Bischöfe und der Kardinal selbst sehr wohl erläutert haben, daß, wenn die Echtheit auch nicht anerkannt ist, sie keineswegs geleugnet wird, und die Untersuchungen der Kommission weitergehen (DN 13, 40–41).

Kompetenzübertragung

Diese Lage hat sich nunmehr aufgrund von zwei Tatsachen geändert:

Bevor Bischof Žanić zu Beginn des Bürgerkrieges sein Amt aus Altersgründen zurücklegte, hielt er sich lange in Rom auf, um zu erreichen, daß Msgr. Perić sein Nachfolger wird, der Gegner Nummer eins, der ihm geholfen hatte, in den römischen Kongregationen ein negatives Bild von Medjugorje zu zeichnen, mit seiner Intelligenz und seinem Eifer, die umso wirksamer waren, als in Rom nur die vom Bischof kommenden Informationen zählen. Heute ist es also das Gewicht zweier aufeinanderfolgender Bischöfe, wodurch in den zuständigen römischen Kongregationen ein negativer Eindruck vorherrscht.

Der neue Bischof, Perić, ist jung (52 Jahre) und ihm gehört die Zukunft. Er hat keine offizielle Stellungnahme abgegeben, aber privat macht er aus seiner radikalen Opposition kein Geheimnis. Er gibt immer mehr zurückhaltende und abratende Urkunden über bestimmte Punkte[1] heraus. Wie wir in den vorangegangenen Bänden gesehen haben, hat er der Gemeinschaft der Oase (mehr als 100 Mitglieder), die gegründet wurde, um die Botschaft der Muttergottes zu leben, zu verstehen gegeben, daß sie keine offizielle Existenz in seiner Diözese haben könne. Er duldet jedoch deren private Existenz. Kürzlich hat er die amerikanischen Bischöfe gebeten, den Film über Medjugorje zu verbieten[1]. Alles das mit dem Stil eines Regierungsmannes.

Aber einige Gesprächspartner sagen, daß er das Ende des Krieges abwartet, um eine direktere Aktion gegen die Erscheinungen zu starten.

Zunächst hat er eine restriktive Neuinterpretation des Dokuments vom 10. April 1991 vorgeschlagen, das doch so klar war und vom Kardinal geklärt worden war. Seine Auslegung, wie wir in DN 14 (S. 36–37) gesehen haben, ändert den Zweifel ausdrückenden Schluß der unvollständigen Untersuchung über die Echtheit der Erscheinungen in ein negatives und endgültiges Urteil der Nicht-Echtheit. Er verändert das: Non constat supernaturalitas: das Übernatürliche steht nicht fest in: constat non supernaturalitas: die Eigenschaft des Nicht-Übernatürlichen steht fest.

Dies läßt für Medjugorje eine düstere Zukunft voraussehen, denn die Opposition von Bischof Žanić, Mitglied einer zahlreichen Bischofskonferenz, wurde beschränkt. Kardinal Kuharić,

---

[1] Siehe Fußnote auf den Seiten 162–163

der seine diözesane Verantwortung und seine Meinung sehr achtete, gelang es schließlich, ihn dazu zu bringen, daß er die Notwendigkeit der Anerkennung einer Wallfahrt im internationalen Maßstab, zu der der Papst ermutigte, akzeptierte, und dies offiziell von seiten der Kirche, ohne dem Abschluß der unvollständigen Untersuchungen vorzugreifen.

Aber heute ist die jugoslawische Bischofskonferenz mit Jugoslawien gestorben. Bischof Perić gehört der Neuen Bosnischen Konferenz an, die aus drei Bischöfen besteht:

– Kardinal Puljić von Sarajevo, sehr verbunden mit Bischof Žanić, seinem Diözesanbischof, hielt sich hauptsächlich an seine Informationen, ohne dem Problem eine besondere persönliche Beachtung zu schenken.

– Msgr. Komarica, Präsident der Untersuchungskommission, scheint neutral zu sein.

Diese Kommission ist übrigens mit der Konferenz verschwunden.

Man fragt sich, wie diese so geheime Kommission in der gespannten Lage funktionierte, die durch die Opposition des Ortsbischofs hervorgerufen worden war. Die Mitglieder der Kommission, die positiv zu den Erscheinungen stehen, haben Bischof Franić und anderen gesagt, daß sie sich in der Kommission nicht frei fühlten; alles schien darin so gemacht, daß es zu keinem guten Ergebnis kommt. Die Untersuchungen auf hohem Niveau, die von italienischen, französischen und anderen wissenschaftlichen Teams durchgeführt worden waren, wurden weder kontaktiert noch übernommen. Dr. Korljan, Präsident der wissenschaftlichen Unter-Kommission, und den sicheren Ergebnissen über die Wunderheilungen und das psychologische Gleichgewicht der Seher wurde eine Randposition zugewiesen. Dieser berühmte Arzt wunderte sich, daß er niemals an den Zusammenkünften der theologischen Kommission teilgenommen hat, bei denen er, wenn schon nicht die Stellung eines Mitglieds, zumindest die Stellung eines Beobachters hätte haben müssen.

Man kann nicht mehr darüber sagen, aber alles scheint anzuzeigen, daß die neue Bischofskonferenz die negative Tätigkeit des Bischofs von Mostar nicht behindern wird, sie aber einschränken oder mäßigen wird. Dieser Mann, offen für die Ökumene, ist energischer Entscheidungen fähig. Als großer Gegner der Franziskaner (80% seines Klerus im Rahmen des berühmten Konflikts in der Herzegowina wegen der Übertragung von Franziskaner-Pfarren an Weltpriester) hat er im März-April 1995 den Franziskanern das weggenommen, was ihnen an Pfarren in Mostar noch verblieb; als Bischof Žanić kam, hatten sie sie alle. Aber es blieben ihnen Kultstätten. Die Aktion fand mitten im Krieg statt. Das Volk, sehr mit den Franziskanern verbunden, demonstrierte in der zerstörten Stadt. Da ihre Bitte um Audienz nicht erfüllt wurde, sperrten diese Kroaten, die in Sachen Kult nicht weniger feurig waren, den Bischof am 2. April ein. Dies dauerte mehrere Stunden, und nach erfolgslosen Interventionen des Bürgermeisters, der Polizei, waren es die Franziskaner, die diese Demonstration beendeten. . . die zu ihren Gunsten durchgeführt worden war. Was wieder einmal ihren Gehorsam und ihre tadellose Ehrerbietung gegenüber dem Bischof beweist.

Bischof Perić weiß, daß er nicht nur auf ihren Gehorsam, sondern auch auf den der Anhänger von Medjugorje zählen kann. Ihr respektvolles Verhalten ist stets gleich geblieben angesichts der einschränkenden, ja sogar provozierenden Gesten (DN 7, S. 8–14 und 72), die aufeinandergefolgt sind. Sie bleiben also die Schwächeren (Versöhnlichen) gegen den Stärkeren.

Die materielle Hilfe, die die Freunde von Medjugorje dem Bistum zuteil werden lassen und ihre Höflichkeitsbesuche, werden sie der Feindschaft des Bischofs die Spitze nehmen? Wird ihn die Regierungserfahrung das Fingerspitzengefühl und das Anhören von ernstzunehmenden Meinungsänderungen, deren die zivilen Regierungen Rechnung tragen, lehren? Wird er seine Augen für die wunderbaren Früchte von Medjugorje öffnen, die er auf die Banalität zu reduzieren scheint, so außergewöhnlich sie auch sein mögen? Die Zukunft wird es zeigen. Sicher ist, daß die Achtung, die Ehrerbietung, sowie die Wertschätzung, die Anerkennung seiner ökumenischen Kompetenz, seiner Fähigkeit, seiner Verdienste und seiner Verantwortung unerschütterlich sein werden, wie zur Zeit von Bischof Žanić, dessen aggressivste Predigt in einer respektvollen Stille ohne Gemurmel vernommen wurde, als er am 25. Juli 1987 Medjugorje bestätigte (DN 7, S. 72–75).

Wie in den vorangegangenen Bänden erklärt, ist die berühmte Affäre der Herzegowina aus der autoritären Herrschaft ohne Abstufung und ohne echten Dialog entstanden, mit der die vorherrschende Stellung der Franziskaner, der einzigen Verkünder des Evangeliums in der Herzegowina während mehr als 500 Jahren und der einzigen Priester während der schweren islamischen Verfolgung, progressiv unter einer nicht franziskanischen Obrigkeit seit dem Weltkrieg von 1940 geschwächt wurde. Bei jeder Etappe gaben die Franziskaner, oft nicht ohne Bedauern, das ab, was man von ihnen verlangte (obwohl sie die gewaltige Mehrheit der Priester der Diözese bleiben), aber enttäuscht trafen sie diese Feststellung: Alles, was wir gewähren, wird uns genommen. Jede Sicherstellung, die wir im Gegenzug verlangen, wird uns sehr schnell weggenommen.

Die autoritäre Haltung ging so weit in dieser Sache, daß eine der von Bischof Žanić ergriffenen Maßnahmen gegen zwei franziskanische Fratres, die eine pastorale Tätigkeit nur in Mostar ausübten, schließlich vom kirchlichen Höchstgericht aufgehoben wurde: die apostolische Unterschrift. Mehr noch, als dieses Gericht mit den Unrechtmäßigkeiten der getroffenen Maßnahme befaßt worden war, wurde das Urteil dieses Gerichts, das theoretisch unabhängig ist, während mehrerer Jahre von einer höchst administrativen hohen und geheimen Aktion gestoppt, unter den in DN 14, S. 47–50 beschriebenen Umständen. Und durch eine unglaubliche Serie von neuen Entscheidungen wurde der unterbrochene Prozeß wieder aufgerollt und die getroffene Entscheidung aufgehoben, durch ein Urteil, das von den wichtigsten Kardinälen der Regierung der Kirche unterzeichnet ist: Dekane des Kollegiums an erster Stelle. Über die Opfer des unrechtmäßigen Dekrets wurden während mehr als sieben Jahren eine Strafe der Amtsenthebung verhängt. Die ungesetzliche Maßnahme hatte diese zwei Franziskaner ihrer drei Gelübde entbunden, die Ehelosigkeit inbegriffen. Einer der beiden, desorientiert durch diese Anhäufung von Ungerechtigkeiten und Rechtswidrigkeiten, zog daraus den bitteren Schluß und heiratete, um bei dem autoritären Auslöschen seiner Gelübde und seines Priestertums zu überleben. Daß diese unrechtmäßige Entscheidung von der höchsten kirchlichen Instanz wieder in Ordnung gebracht wurde, zeigt, wie wichtig es wäre, die Angelegenheit Herzegowina auf anderen Wegen zu regeln. Dies erschiene umso wichtiger, als der friedensstiftende Einfluß von Medjugorje die brennenden Punkte der Angelegenheit zum Verschwinden bringt. Die Franziskaner haben zugestimmt, fünf Pfarren abzugeben, an denen ihnen gelegen war und die seit langem von ihnen gefordert wurden. Es scheint, daß der Bischof sie noch nicht übernommen hat. Der Grund liegt darin: die Franziskaner gehorchen. Aber ihr Volk, das ihnen durch Jahrhunderte der Verfolgung sehr verbunden ist, erträgt nicht diese Abgänge und ist bereit zu Demonstrationen wie die vom 2. April 1995 in Mostar. Dies gibt Anlaß zum Nachdenken.

Man versteht die schwierige Position der Franziskaner, die das Vertrauen ihres Volkes behalten müssen, um es geistlich gut zu leiten, und ständig zwischen Hammer und Amboß geraten, da man sie zwingt, dieses Volk zu verlassen, dem sie so tief verbunden sind, und seiner uralten Treue Gewalt anzutun. Das ist ein Drama nach Corneille, ähnlich dem der Arbeiterpriester, die man verpflichtet hatte, sich ganz und ohne Rückkehr in die Arbeiterklasse einzulassen und die aufgefordert wurden, sie zu verlassen. Wieviel Schaden und wieviel Schlamassel manchmal, wenn die verwaltungsmäßige Eigenmächtigkeit das Geistliche verkennt, manchmal auch das Menschliche und das Recht, die ein Ganzes bilden. Beten wir, daß die Kirche der Diözese Mostar dieser Verkrebsung des Geistlichen durch das Verwaltungsmäßige entkommt, die eine Gefahr für die Kirche darstellt.

Untersuchung in der Schwebe

Da die jugoslawische Untersuchungskommission für die Erscheinungen aufgelöst ist, gibt es keine offizielle Untersuchung mehr.

Dennoch beharrt Professor Joyeux, der die ersten Enzephalogramme der Seher in Medjugorje (medizinische Weltpremiere) durchgeführt hat, darauf, weitermachen zu wollen. Denn diese Enzephalogramme wurden mit tragbaren Geräten durchgeführt, die unter schwierigen Bedingungen transportiert wurden, und diese Technik selbst wurde weiterentwickelt. 1984 zeichnete man acht Koordinaten des Gehirns auf. Heute zeichnet man davon mehr als dreißig auf. Aber der Professor stößt auf eine breite Gleichgültigkeit und auf das Desinteresse, ja sogar die Opposition der Seher, denen diese technischen und wissenschaftlichen Aspekte des Ereignisses fremd sind.

Für sie stellt sich folgende Lage dar: die Muttergottes hat ihnen aufeinanderfolgend, als sie sie über die Zweckmäßigkeit dieser Test befragt haben, gesagt:

– *Das ist nicht notwendig.*

Dann, über eine neuerliche Anfrage von Professor Joyeux:

– *Es war gut, daß ihr gefragt habt. Ihr könnt es machen.*

Was sie auf ihre Freiheit zurückverwies. Diese vorbehaltlichen Meinungen treiben sie nicht an. Diese technischen Komplikationen in einer intimen Handlung ihres Lebens widerstreben ihnen. Und dann haben sie ihre Beschäftigungen, ihre Verpflichtungen. Alle Schritte, bei denen ich Professor Joyeux engagiert hatte und bei denen ich ihm ständig geholfen hatte, indem ich alle möglichen Hilfen bereitgestellt habe, haben niemals ans Ziel geführt. Ein erster Versuch einer Reise der Seher nach Frankreich zu neuerlichen Tests reichte in der Mitte der achtziger Jahre an das Ziel heran. Sie wurde im letzten Moment wegen der Ablehnung Vickas und der Krankheit einer anderen Seherin storniert. Man brauchte zwei Seher für die aufschlußreichen vergleichenden Tests, die Tests an einem einzigen Seher entwerteten zusehr das umfangreiche Programm, als daß man darauf bestand.

Aber der Professor gibt nicht nach. Er ist wieder nach Medjugorje gekommen, am 15. Mai 1995. Hier die Neuigkeiten darüber von Schwester Emmanuel:

> *Professor Joyeux ist Anfang Mai nach Medjugorje gekommen, er hat von seinen medizinischen Tests gesprochen [...]. Er hofft, seine Forschungen mit noch ausgeklügelteren Geräten weiterführen zu können und lädt dazu einige Seher nach Frankreich ein. Vicka ist nicht dagegen, aber sie sagt: – Ich werde sehen, was mir die Gospa sagen wird. Die Entscheidung liegt bei ihr. Fortsetzung der Sache folgt* (E, 15. Mai 1995).

Schwester Emmanuel unterstrich die Bedeutung dieser Tests in der Tradition der Kirche (für die Heiligsprechungen) ebenso wie für die medizinische Wissenschaft, die diesen Bereich nicht übersehen kann, dessen organische Seite in ihre Kompetenz fällt. Ist das pathologisch oder ein zu erforschendes Grenzgebiet?

„In verschiedenen Fällen konnte ich leicht feststellen, daß es sich um Schwindel handelte. Bei anderen, wie Medjugorje, zeigen die Untersuchungen, daß die Person eine echte Erfahrung durchlebt", sagte mir ein bolivianischer Neurologe, Professor Ricardo Castanon-Gomez Ph. D., der viele Enzephalogramme an einer großen Zahl amerikanischer Seher durchgeführt hat.

Man wundert sich, daß Vicka sagen konnte: „Die Entscheidung liegt bei der Muttergottes", da doch die Gospa den Sehern schon gesagt hat: „Auf diesem Gebiet seid ihr frei", wie übrigens auf vielen anderen: ihre Eheschließung eingeschlossen. Bei ihnen läßt alles die Waage auf die negative Seite neigen, aus Gründen der Intimität, die im übrigen zu respektieren sind. So sieht Vicka zu, daß ihre Erscheinungen meistens geheim und nicht öffentlich sind.

Kurzum, die Waage neigt sich auf die negative Seite:

> *Es ist nicht sehr wahrscheinlich, daß die Seher zu neuen medizinischen Tests während der Ekstase nach Frankreich fahren. Von Vicka um ihre Meinung befragt, hat die Gospa nämlich 1984 nichts geantwortet [...] und Ivan wird nicht fahren. Warten wir ab, was Marija und Jakov sagen werden* (E, 20. Juni 1995).

Es ist seit langem bekannt, daß Jakov entschieden dagegen ist. Schwester Emmanuel fügt mit Recht hinzu:

> *Heute kommt es selten vor, daß die Seher der Muttergottes so genaue Fragen über eine zu treffende Entscheidung stellen, denn sie kommt vor allem, um mit ihnen zu beten. Was das andere betrifft, wissen die Seher, daß sie ihre große Freiheit respektiert. Warum hat die Gospa in diesem bestimmten Fall nicht geantwortet? Keiner weiß es [...]. Dieses Schweigen zeigt ihre große Zartheit und auch Vorsicht. Sie weiß, daß wir die Tendenz haben, ihre Worte als „ganz weiß" oder „ganz schwarz" zu interpretieren.*

Wenn es ja heißt, wird man die ganze Angelegenheit und die Personen, die sie vollbringen, heiligsprechen. Wenn es nein heißt, wird man sie mit einem dauernden Verdacht belegen.

Einer der Entscheidungsfaktoren ist, daß mit ihrem Familienleben und den dankbareren Reisen, wo sie innig empfangen werden, so wie die Muttergottes selbst, es sehr schwer ist, daß mehrere gleichzeitig für diesen strengen Test frei sind.

Diesbezüglich ist ein neuer Faktor aufgetaucht. Während meiner Reise im Jahre 1995 in die USA habe ich zwei hochspezialisierte Neurologen getroffen, die ein Programm zur Untersuchung der zahlreichen Seher Amerikas erstellt haben und im übrigen mit noch perfektionierteren Geräten als die, die ich kannte. Sie haben sogar ein tragbares Gerät, das rund zwanzig Daten aufnimmt (an Stelle von acht bei den ersten Tests). Sie könnten also nach Medjugorje kommen und alles an Ort und Stelle machen, was die Sache sehr vereinfachen würde. Sie haben lange mit mir gesprochen, während mehrerer Tage. Einer von ihnen ist am Flughafen zu mir gekommen, von wo ich nach Frankreich zurückflog, aber danach habe ich keine Nachricht mehr von ihnen erhalten. Ich bitte sie weiterhin darum. Sie haben schon manchmal einigermaßen optimistische Publikationen über Grenzfragen herausgegeben, aber die technische Qualität ihrer Geräte und ihre neurologische Kompetenz sind von höchstem Niveau.

Pilgernde Bischöfe

Wenn der Ortsbischof keinerlei Geheimnis daraus macht, daß er dagegen ist, so kommen doch zahlreiche Bischöfe aus allen Kontinenten, durch die Früchte von Medjugorje neugierig gemacht oder von ihnen überzeugt, weiterhin als Pilger dorthin: weit mehr als hundert bis zum heutigen Tag. Nach den beiden afrikanischen Kardinälen vom Mai 1994: Margeot und Wamala (DN 14, 42 und 162), endlich drei französische Bischöfe: Chabert, Lagrange (DN 14, 43 und 157) und ein Bischof der Antillen, der inkognito kam. Sie haben starke Zeugnisse gegeben.

Bischof Henri Kennedy (emeritierter Bischof von Arminade, Australien) macht eine jährliche Pilgerreise, in bischöflichem Ornat, seit 1993. Er hat kürzlich erklärt:

Ich glaube daran. Wenn ich den geringsten Zweifel diesbezüglich hätte, würde ich nicht im Rahmen einer Pilgerreise dorthin kommen und meine Autorität aufs Spiel setzen [...]. Für mich sind diese Erscheinungen genauso echt wie die von Lourdes und von Fatima. [...] Immer mehr Menschen müssen selbst zu diesen heiligen Orten fahren, um zu erfahren, wie sehr eine Pilgerreise nach Medjugorje eine besondere Gnade ist, für sie selbst, für die Kirche und für die Welt [...]. Es ist höchste Zeit, daß die Kirche die Ereignisse von Medjugorje anerkennt (siehe sein Interview weiter unten, S. 142).

In den ersten Februartagen 1996 ist der emeritierte Erzbischof von New Orleans, Philip Matthiew Hannan, 82 Jahre, der eine Rundfunk und Fernsehstation gegründet hat, um das Leid in Bosnien bekanntzumachen und Hilfe zu bringen, mit einem Fernsehteam gekommen, um Bosnien zu besuchen, darunter auch Tuzla und Sarajevo, wo er mit Kardinal Puljić zusammentraf. Dann hat er zwei Tage in Medjugorje Halt gemacht, dort hat er das von Pater Slavko gegründete Dorf für die Kriegswaisen besucht. Weinend hat er gesagt:

– Gott selbst hat die Erbauer dieses Dorfes inspiriert.

Er hat das Coenaculum besucht, wo so viele Jugendliche von der Drogenabhängigkeit befreit werden, bei Schwester Elvira. Es war seine dritte Pilgerreise nach Medjugorje. Er hat dieses Zeugnis abgelegt:

An diesem Ort habe ich immer eine tiefe Atmosphäre des Friedens und des Glaubens verspürt. Diejenigen, die hier vorbeikommen, finden den Frieden, sie kehren zurück, im Glauben vertieft, bekehrt zum Gebet und zum sakramentalen Leben. Aus diesen Gründen empfehle ich allen, besonders der Jugend, eine Pilgerreise zur Königin des Friedens zu machen und den anderen ihre Erfahrung mitzuteilen. Möge sich so eine Kette des Friedens und des Glaubens in der Welt bilden (Éco, 126, 5b).

Was Kardinal Wamala aus Uganda betrifft, der im Mai 1995 gekommen war, so hat er Schwester Emmanuel gesagt:

Ich glaube, daß es wohl die Muttergottes ist, die hier erscheint. Wenn sie sich die Mühe macht, herzukommen, um zu uns zu sprechen, müssen wir uns die Mühe machen, herzukommen, um ihr zuzuhören, und vor allem alles das zu tun, was sie uns sagt (E, 15. Jänner 1995).

Medjugorje vor den Toren Roms

Diesem Akt muß man ein anderes Ereignis hinzufügen, der die Weltpresse während mehrerer Monate in Aufruhr versetzt hat (inklusive der ersten drei Seiten einer Nummer der Libération, der Religion wenig zugeneigt): die Tränen von Civitavecchia, dem Hafen Roms (30 Kilometer), im Schatten des Vatikans.

Was ist also passiert? Im Herbst 1994 bringt Don Pablo Martin, spanischer Pfarrer eines abgelegenen Weilers 4 Kilometer im Norden von Civitavecchia, entlang des Mittelmeeres, von einer Pilgerfahrt in die Herzegowina eine Statue von Unserer lieben Frau von Medjugorje mit. Es ist ein gewöhnlicher Abguß, 48 Zentimeter hoch, gemäß dem Modell, das man zu Tausenden in den Kaufhäusern Ex-Jugoslawiens findet. Er schenkt sie Fabio Gregori, 32 Jahre alt, Elektriker, Vater zweier Kinder, guter Christ, der aber, wie er meint, von der eindringlichen Propaganda seiner Arbeitskollegen bedroht scheint: Zeugen Jehovas.

Am 2. Februar 1995, als Fabio mit dem Wagen um 16.30 Uhr mit seinen Kindern zur Lichtmeß-Messe fährt, alarmiert ihn seine kleine Tochter Jessica:

– Die Muttergottes weint rote Tränen.

Sehr schnell läuft die Menge zusammen, dringt in den Garten ein und zertrampelt ihn. Das Vergießen der Tränen geht weiter: 13 Mal in neun Tagen. Der Bischof, vorsichtig und um die gute Ordnung bedacht, entzieht diese Statue der improvisierten Frömmigkeit. Niemand weiß, wo sie ist: in der Tat nicht im Bischofssitz, sondern im privaten Wohnsitz des Bischofs, der seine Gutachten mit umso mehr Zurückhaltung verfolgt, als die Statue aufgehört hat zu weinen, seitdem sie den Garten von Fabio verlassen hat. Seine eigene Untersuchung wird im übrigen unterstützt von der des Bürgermeisteramtes, das den „Schwindel“ nachweisen möchte.

Und da ruft ein bekannter Priester-Exorzist am 15. März Msgr. Grillo an:

– Eine Mystikerin hat seit August 1994 dieses Tränenvergießen von Civitavecchia vorausgesehen, und diese Tränen kündigen Prüfungen an, die Italien bedrohen, wo die Sünde überreichlich ist.

Der Bischof bleibt skeptisch. Ist das möglich? Da aber das Gebet in jedem Fall gut ist, begibt er sich in die Kapelle. Er betet mit zwei Ordensschwestern und seiner Schwester vor der Statue, die rechts vom Altar steht.

Das Vergießen der Tränen, das bei ihm aufgehört hatte, beginnt wiederum. Die Statue Unserer lieben Frau von Medjugorje vergießt wieder blutige Tränen: diesmal in der Nähe von Rom. Eine der Tränen fällt auf die linke Wange, sie hat ungefähr den Umriß Italiens. Der Bischof nimmt die Statue in seine Arme und sieht, in der Nähe, wie das Blut hervortritt. Das überzeugt ihn. Nach einer reiflichen Überlegung und Absprache beschließt er, daß die Statue in einer Prozession am Karfreitag, den 14. April, um 3 Uhr nachmittags, wieder in die Pfarre zurückgetragen werden soll.

Das italienische Bürgermeisteramt stemmt sich dagegen, kommt zum Bischof, um die Muttergottes zu beschlagnahmen. Er lehnt ab, aber man sperrt sie bei ihm ein, in einem Kasten, den die Polizei versiegelt, sie, die zum Corpus Delicti geworden ist. Die Presse treibt immer mehr Blüten über „die Arrest-Madonna“. Schließlich, am 10. Juni 1995, nach vielen Verhandlungen und Umschweifen, gibt sie der Bischof der Pfarre zurück, aber ohne Prozession, in Gegenwart von Pater Jozo Zovko, dem Pfarrer von Medjugorje zur Zeit der ersten Erscheinungen.

Seitdem wird Unsere liebe Frau von Medjugorje offiziell verehrt, ohne Erklärung der Echtheit, aber mit der Billigung und der Teilnahme des Bischofs in dieser Diözese nahe bei Rom.

– Der Papst hat mich (diskret) unterstützt, aber ich war alleine gegenüber der Gleichgültigkeit oder der Gegnerschaft der zivilen und religiösen Verwaltung, hat der Bischof im wesentlichen gesagt (Interview im Anhang veröffentlicht, s. u. S. 144).

Seitdem ist der Zustrom zu der Pfarre Sant Agostino von Civitavecchia groß, wo ein großes Heiligtum gebaut werden muß. Eine Kommission (bei der der Bischof mich zum Experten ernannt hat) verfolgt weiterhin ihre Arbeit über die Echtheit dieses Tränenvergießens.

Die Anerkennung dieses Kults von Unserer lieben Frau von Medjugorje ist ein weiteres bischöfliches Zeugnis über die guten Früchte dieses Heiligtums, und wie ein Augenzwinkern Unserer lieben Frau im Umkreis von Rom.

Und der Papst?

Wenn die offizielle Information des Bistums Mostar eine negative Strömung in einigen römischen Büros erzeugt hat, was sind die Gedanken des Papstes?

Sie wurden klar in den vorherigen Bänden festgelegt: DN 12, 38; 13, 51; 14, 43-45. Er anerkennt die Früchte von Medjugorje mit Wohlwollen, bestreitet nicht das Kriterium des Evangeliums (das heute sehr bestritten ist): „Den Baum erkennt man an seinen Früchten". Mehr noch, gegenüber der Verhärtung der negativen Strömung, hat er ohne Umschweife seinen Wunsch geäußert, nach Medjugorje zu fahren. Anfang 1995 hat er einen weiteren Schritt gesetzt. Bischof Benitez, der gezögert hatte, die Reise Pater Slavkos nach Südamerika zu genehmigen, benützte seinen Fünfjahresbesuch, um den Heiligen Vater um Rat zu fragen, und er erhielt diese mündliche Antwort, aber ohne Umschweife:

– Genehmigen sie alles, was Medjugorje betrifft.

Was aus einer, aus reiner Vorsicht eher negativen Lage befreite.

Mehr noch, er hat für eine Überraschung gesorgt, indem er seinen Wunsch äußerte, nach Medjugorje zu kommen.

Die erste private Äußerung (überliefert von Bischof Franić) ergab sich, als während des Gesprächs der kroatischen Bischöfe mit dem Papst, am 27. April 1995, Altbischof Žanić von Mostar, ausstieß:

– Also, Heiliger Vater, wann kommen Sie nach Mostar?

Und der Papst soll lächelnd geantwortet haben:

– Oh, ich dachte, sie würden mich fragen: „Heiliger Vater, wann kommen Sie nach Medjugorje?"

Das war eine liebenswürdige Neckerei, da der Papst doch sehr wohl die ultra-negative Position von Bischof Žanić kannte (DN 14, S. 44–45).

Am 6. April 1995, anläßlich des offiziellen Besuchs des Vertreters des kroatischen Präsidenten Tudjman, der mit Kardinal Kuharić gekommen war, um sich für seinen Besuch in Kroatien zu bedanken, luden sie ihn zur 1700-Jahr-Feier der Gründung der Kirche von Split im September 1995 ein: der ältesten in Kroatien. Der Papst antwortete:

– Ich werde das prüfen. Ich werde daran denken. Aber in diesem Fall sehen sie zwei Etappen vor: Maria Bistrica (kroatisches Nationalheiligtum der Gospa in der Nähe von Zagreb) . . . und Medjugorje.

Was von den kroatischen Zeitungen berichtet wurde (DN 14, S. 44). Dieser zum Ausdruck gebrachte Wunsch des Papstes muß in den Rahmen seiner beständigen Haltung gegenüber seiner riesigen Verwaltung gestellt werden. Außer bei einem schweren Fehler deckt er seine Untergebenen und widerspricht nicht ihren Stellungnahmen, aber – wie im Gegenzug – bewahrt er die Freiheit, seine persönlichen Handlungen zu setzen, selbst wenn sie auf einer anderen Linie liegen, ohne natürlich irgendwen vor den Kopf zu stoßen. Der vom Papst ausgesprochene Wunsch bringt diese persönliche Freiheit zum Ausdruck.

Der Einladung nach Split im September 1995 wurde nicht Folge geleistet, aber der Wunsch des Papstes ist nicht erloschen. Meinerseits neige ich zu der Meinung, daß der Bischof von Mostar es nicht zulassen wird, daß diese Reise Gestalt annimmt. Laut Sr. Emmanuel, die in ihrer Information vom 1. Juli optimistischer ist:

Es ist noch kein Datum festgesetzt, aber die Vorzeichen sind positiv. Am 31. Mai hat Johannes Paul II. in Rom zu einer englischen Gruppe gesagt: „Beten sie, damit ich in diesem Jahr nach Medjugorje fahren kann“. Am 25. Juni ist Präsident Tudjman von Kroatien mit den Kroaten von Sidney (Australien) anläßlich des 14. Jahrestages der Erscheinungen von Medjugorje zusammengetroffen. Er übermittelte ihnen diese Information:

– Der Heilige Vater möchte nach Medjugorje fahren (Slobodna Dalmacija, 26. Juni 1995).

Anfang Juli kündigte ein italienischer Radiosender eine Reise des Papstes nach Kroatien an, ohne Angabe des Datums (a.a.O.). Einige haben auf sein Kommen gehofft.

Im August versichern gute Freunde des Papstes, die mit ihm den Rosenkranz für den Frieden in Ex-Jugoslawien gebetet haben, daß Johannes-Paul schließlich ausrief:

– Ich will über Medjugorje nach Sarajevo fahren.

24 Stunden später war seine Reise nach Sarajevo abgesagt, zu seiner großen Enttäuschung.

Schwester Emmanuel hoffte und betete, daß das einander Gegenüberstehen des Bischofs von Mostar und dem Vikar Christi anläßlich der Versammlung des Papstes mit den kroatischen Bischöfen am 17. Oktober in Rom, Folgen haben möge (E, 15. Oktober 1995).

Man hätte eine kurze Fühlungnahme mit dem Hubschrauber in Medjugorje angenommen.

Das würde natürlich im Rahmen einer Reise nach Sarajevo stattfinden, um die abgesagte Reise von 1995 wiedergutzumachen.

Laut *Medjugorje Torino* 63, S. 12, soll der Papst einer Krankenschwester aus Michigan, die jedes Jahr ihren Urlaub in Medjugorje verbringt, gesagt haben:

– Tun sie alles, was sie können, um Medjugorje zu beschützen. Beten sie, daß Medjugorje beschützt wird.

Es war dies während einer Audienz, bei der die Krankenschwester ihm in Medjugorje geweihte Rosenkränze überbrachte.

War es, um Medjugorje zu beschützen, daß der Papst so oft den Wunsch geäußert hat, dorthin zu fahren? Jedenfalls wurde das negative Urteil von Bischof Žanić auf seinen Rat im April 1986 von Kardinal Ratzinger abgelehnt. Zehn Jahre später waren es die Tränen einer bescheidenen Medjugorje-Statue, bei der die Masse der Italiener eine Entscheidung verlangt, die eine Anfrage an den Heiligen Stuhl stellen.

Schließlich hat Bischof Hnilica an der Universität Notre-Dame (USA) am 4. Juni 1995 vor 5000 Personen erklärt:

> *Der Papst leidet, nicht nur, weil die Botschaft von Medjugorje nicht angenommen worden ist, und weil in diesem Land Krieg herrscht, sondern vor allem wegen der Lage innerhalb der Kirche, der Uneinigkeit zwischen den Bischöfen und der Krise des Übernatürlichen: dieses Übernatürliche, das in Medjugorje so offenkundig ist, wie er es selbst behauptet hat. Wenn die ganze Welt nach Medjugorje strömt, so deswegen, um dort diese übernatürliche Atmosphäre des Gebetes und des sakramentalen Lebens zu finden, die in der Kirche heute fehlt* (E, 15. Juli 1995).

Während eines Gesprächs im Jahre 1995 mit Bischof Hnilica fragte ihn der Papst: – Wann warst du das letzte Mal in Medjugorje? Gib mir Neuigkeiten von Medjugorje. Er bleibt auf der Lauer, offenen Herzens, im liberalen Respekt vor den Gegnern.

4. Die Gegner

Es gibt noch Gegner. Die Werke der Polemiker gehen ihren Weg (DN 10 bis 15, 4. Kapitel in jedem Band). Aber nichts Neues.

In Richtung Verurteilung von Medjugorje?

In „Présent" begrüßt Yves Chiron die Stellungnahme gegen Vassula als eine Vorankündigung für das, was Medjugorje erwartet. Dieselben Ursachen, die dieselben Wirkungen hervorbringen: Gegnerschaften, Anzeigen, usw., Reflexe der Verwaltung ohne Überprüfung oder Dialog, trotz der für solche Fälle aufgestellten und von Kardinal Ratzinger bestätigten Prinzipien. Yves Chiron beurteilt gut die Zustände in der Verwaltung, was andererseits auch immer das Problem der geistlichen Beurteilung sein mag.

Die Trümpfe der Gospa

Es wird jedoch schwieriger sein, eine Stellungnahme gegen Medjugorje zu erheben. Vassula hatte als Gegnerin eine Frau, eine Orthodoxe, eine Privatperson, die vom Standpunkt der Verwaltung aus gesehen unbedeutend war. Medjugorje ist eine reguläre Pfarre, vom Papst beschützt und von den jugoslawischen Bischöfen anerkannt, die offiziell die Pilgermesse (27. November 1990) gefeiert und diese Anerkennung des Kultes durch ein offizielles Papier am 10. April 1991 bestätigt haben. Wir geben hier, um der Klarheit willen, diesen offiziellen Text wieder, durch den die Zweideutigkeiten des im Jänner ordnungswidrig veröffentlichten Textes berichtigt werden:

> *Die Mitglieder der jugoslawischen Bischofskonferenz, die sich am 9., 10. und 11. April in Zadar zu einer ordentlichen Sitzung versammelt haben, haben sich über folgende Erklärung geeinigt: Von Anfang an haben die Bischöfe die Er-*

eignisse von Medjugorje über den Diözesanbischof und die zu diesem Zwecke von der jugoslawischen Bischofskonferenz gebildete Kommission verfolgt.
Aufgrund der bis jetzt durchgeführten Untersuchungen kann nicht bestätigt werden, daß es sich um übernatürliche Erscheinungen oder Offenbarungen handelt.
Dennoch verlangt die große Versammlung von Gläubigen, die aus Glaubensgründen oder aus anderen Beweggründen aus der ganzen Welt nach Medjugorje kommen, die pastorale Aufmerksamkeit und Sorge, zunächst des Diözesanbischofs und mit ihm die der anderen Bischöfe, damit in Medjugorje und dort, wo man sich darauf beruft , eine heilige Verehrung der Muttergottes gefördert wird, in Übereinstimmung mit dem Lehramt der Kirche. Zu diesem Zwecke werden die Bischöfe auch entsprechende liturgische und pastorale Anweisungen erteilen.
Gleichzeitig werden sie weiterhin, durch ihre Kommission, die Geschehnisse von Medjugorje in ihrer Gesamtheit verfolgen und prüfen (10. April 1991).

Dazu kommt eine recht lächerliche Interferenz. Man hat sich gewundert, daß die Glaubenskongregation, die sich in ihren Handlungen so genau an die Regeln hält, eine Stellungnahme gegen ein orthodoxe Frau veröffentlicht, denn die von Orthodoxen und Katholiken im beiderseitigen Einvernehmen aufgestellte Regel besagt, daß sich keiner um die Gäubigen der anderen Seite kümmert. Aber diese Schwierigkeit wurde immer wieder umgangen. Die Glaubenskongregation hat die Stellungnahme des orthodoxen Metropoliten Damaskinos aus der Schweiz eingeholt, der Vassula privat ermutigt hat, sich jedoch für eine Stellungnahme gegen sie ausgesprochen hat. Das mag erstaunlich erscheinen, aber das liegt auch in der Logik der Verwaltung. Im Spirituellen Bereich hatte der Metropolit bei ihren beiden Begegnungen vor Zeugen die Wahrhaftigkeit und die mystische Echtheit Vassulas erkannt, aber er war erfreut, die Bekämpfung von Rom zu unterstützen, er akzeptiert für sie nicht die Verbundenheit Vassulas mit dem Papst, dem Zentrum der Einheit, das von Christus selbst gewollt ist. Es ist recht verwunderlich, daß die orthodoxe Unterstützung der Entscheidung der Glaubenskongregation durch seine Opposition gegen den päpstlichen Primat begründet ist, obwohl der Metropolit recht geschickt gewesen ist, kein Aufsehen davon zu machen.

Solche Interferenzen wären in Medjugorje, einer homogenen katholischen Pfarre nicht möglich, bei der Rom keinen Grund hat, die Orthodoxen zu Rate zu ziehen.

Es wäre vor allem schwierig, eine Stellungnahme gegen Medjugorje zu erheben, weil es sich um eine tadellose katholische Pfarre handelt, reich an Früchten, wohin mehr als hundert Bischöfe eine fruchtbringende Pilgerfahrt unternommen haben. Wenn einige Bischöfe und Kardinäle Vassula bis in ihre Kathedralen empfangen haben, so ist die Zahl mit der von Medjugorje nicht vergleichbar.

Solange Johannes Paul II. da ist, wird es schwer sein, ernsthaft an dieser Pilgerfahrt zu rütteln. Unter einem nächsten Pontifikat könnte eine breite repressive Aktion gegen die Erscheinungen im allgemeinen und Medjugorje im besonderen auftauchen. Diese Rückkehr zu der harten vorkonziliaren Linie wird von vielen gewünscht. In dieser Hinsicht verdient die verwaltungsmäßige Unterscheidung von Yves Chiron Beachtung.

Die diskrete Bewegung der Erscheinungen bleibt stark im übernatürlichen Bereich. So viele Bekehrungen und großherzige Aktionen möchten das beweisen. Das ist das, was wir jetzt sehen werden. Alles nimmt jedoch seinen Fortgang in einem spirituellen Kampf jenseits des Kommunismus, des Krieges, der Opposition von Bischof Žanić, die von Kardinal Kuharic kanalisiert und kompensiert wird. Die Prüfungen haben den Glauben in der Großherzigkeit und im Gehorsam nur noch vertieft und die Früchte nur noch vermehrt. Das ist der beste Beweis dieser echten Erscheinungen, die der Autorität der Heiligen Kirche unterworfen sind.

5. Geistliche, materielle und soziale Früchte

Schön ist ein Baum, der wächst, der die Schwerkraft besiegt, zu Höhen gelangt, an die die Größe eines Menschen nicht heranzukommen vermag. Er streckt seine Zweige in alle Richtungen aus, mit Blättern, Blüten und Früchten, die im Inneren gebildet werden und sich alle zusammen ruhmreich entfalten, während die Vögel des Himmels in seinen Ästen nisten (Mt 13, 32). Das Evangelium lehrt uns, diese harmonische Dynamik des Lebens zu bewundern und darin ein Bild Gottes zu sehen, denn Gott ist Leben und gibt sein Leben weiter. Jesus Christus hat gesagt: *„Ich bin das Leben"* (Joh 11, 25; 14, 6). *„In ihm war das Leben von Anbeginn an"* (Joh 1, 2).

Medjugorje ist offensichtlich einer der Bäume, die der Herr gewollt und geliebt hat, denn er hat sein Wachstum begünstigt, trotz der Widerstände, der Angriffe und der Prüfungen. Seine Zweige haben sich auf allen fünf Kontinenten ausgebreitet, die Zentren Unserer lieben Frau vom Frieden bestehen fort und vermehren sich. Das Gebet, die Evangelisierung, die Bekehrungen, die Dienste an den Behinderten, den Verstorbenen, den Benachteiligten haben sich auf der ganzen Weltkugel vermehrt: Afrika, wo Kardinal Wamala lebt, der mehr als alle anderen (von Medjugorje) überzeugt ist, Asien, Australien und vor allem Nord- und Südamerika. Es wird schwer sein, diese unermeßliche Größe zu beschreiben, die auf der Gnade Gottes beruht. Wir können nicht alle Blätter, alle Blüten, alle Früchte, alle Vögel gemäß ihrer nationalen, ethnischen oder persönlichen Vielfacht im Detail schildern. Wir werden versuchen, eine Gesamtansicht zu zeichnen, gemäß der üblichen Auffächerung.

1. Die Pfarre

Wenn Medjugorje in den aufeinanderfolgenden und vielfältigsten Unmöglichkeiten leben und bestehen konnte: Verfolgungen, Widersprüche, Krieg, usw., so ist es das Verdienst dieser

Pfarre, die die Muttergottes gewählt hat, weil sie hier den Glauben gefunden hat (Juni 1981).

Es ist das Verdienst der franziskanischen Priester, die zunächst diese traditionelle Pfarre, die dann ein Ort der Auserwählung wurde, herangebildet haben und den unwahrscheinlichsten Situationen (Erfolg und Widerwärtigkeiten, Inhaftierungen, usw.) mit Wendigkeit, Aufnahme, Wohlwollen, Diplomatie, aber auch mit Ordnung, Wachsamkeit, Autorität begegnet sind, indem sie dem Übernatürlichen den Vorrang ließen. Man wird eines Tages die Gesamtheit der Lösungen analysieren müssen, die Tag für Tag für die Probleme gefunden wurden, unter den kontrastreichsten Bedingungen, bei guten und schlechten Nachrichten.

Die innere Wirksamkeit dieses Abenteuers ist vom Standpunkt der üblichen pastoralen Techniken fast unverständlich. Wenn es in Medjugorje eine Leitung gibt, wird sie ständig vom happening (dem Unerwarteten) eingeholt. Der Erfolg kommt ganz einfach daher, daß der Glaube und der absolute Vorrang des Herrn und seiner Mutter, also des Spirituellen gewahrt blieben. Denn es haben sich nicht nur immer neue Prüfungen ergeben, sondern die Einrichtung selbst ist erdrückend, mit menschlichen (schwachen) Möglichkeiten, die in keinem Verhältnis zu ihr stehen.

Die meisten großen Heiligtümer sind keine Pfarren. Pilger und Pfarrangehörige verlangen eine zu verschiedenartige Betreuung: improvisierte Aufnahme und ständige Unterweisung, als daß man sie zusammenbringen sollte. In Lourdes wurde Pfarrer Peyramale sehr schnell von der Wallfahrt ausgeschlossen: weniger als acht Jahre nach den Erscheinungen. Beides war zu schwer und zu verschieden.

Eines der Wunder von Medjugorje ist, daß die Franziskaner es verstanden, beides in Einklang zu bringen: die Pfarre in den Empfang einzubinden und die Pilger auf einer großen Zahl materieller und geistlicher Gebiete zu fördern, die wir im Laufe dieser fünfzehn Bände berichtet haben.

Zu dieser doppelten Aufgabe kamen eine Menge anderer hinzu: die letzten ergaben sich wegen des Krieges: Flüchtlinge, Waisen, Bedürftige aller Art, für die unzähligen Initiativen, die von seiten der Pfarre und der Pilger entstanden sind.

Die Priester ohne Urlaub oder Erholung nützen die Zeit, in der weniger Wallfahrer kommen, Jänner und noch Februar, um die Kranken zu besuchen und wieder stärker ihre pfarrliche Aufgabe zu erfüllen. Sie haben an Ort und Stelle ein wichtiges Vertrauenspersonal für die Wallfahrt rekrutiert: Ehrenamtliche oder Angestellte, in der schönen Eintracht und dem freundlichen Gesprächsaustausch, die das kroatische Volk kennzeichnet.

Was den gesunden Menschenverstand übersteigt, ist, daß unter dem kommunistischem Regime die riesige internationale Wallfahrt in den Räumlichkeiten einer bescheidenen Pfarre aufgenommen wurde. Die Errichtung der meisten notwendigen Gebäude wurden keineswegs bewilligt oder wurden wild zerstört, wenn man versuchte, sie als Pilgereinrichtungen auszugeben. Die Kommunisten hatten die Pfarrschule in Brand gesteckt und die Reparatur wurde untersagt. Derzeit gibt es endlich, dank des wirksamen Handelns von Pater Oreć, verschiedene gut angeordnete Büros und Räumlichkeiten, dank derer man der vielsprachigen Nachfrage an Messen, Gebeten, Gebetsabenden nachkommen kann, die von seiten der unzähligen internationalen Pilgerfahrten immer wieder neu ist, die unmöglich in einem Organigramm vorhergesehen werden können.

Kurzum, das Geistliche hat die Führung, die Verwaltung folgt nach, mit einem Vorrang für die Ausstattung der Kirche: zuletzt war es die Klimaanlage, in diesem Klima, das zwischen den Hundstagen des Sommers und dem Schnee des Winters schwankt.

Die Franziskaner überwachen und leiten nicht nur diese Pfarre inmitten der sie umgebenden Hügeln, sondern das weite internationale Ganze, das jetzt das Angesicht der Weltkugel bedeckt, damit sie lebe und damit nichts abirre. Dazu halten sie internationale Versammlungen von Leitern ab und vervielfachen ihre Reisen auf alle Kontinente: vor allem nach Amerika. Die Pfarre hat sich weltweit ausgedehnt. Die Zeittafel der Reisen Pater Slavkos, Pater Jozos und der Seher finden Sie weiter unten, auf S. 156 ff.

Die erste Sorge ist es, im Ort der Aufnahme ein grundlegendes christliches Gewebe zu bilden, zu kultivieren und aufrechtzuerhalten: Gebetsleben, Ehen und ernsthafte Familien, für die die Seher ein Beispiel sind.

Sicherlich, die Pfarre konnte das außergewöhnliche Niveau eines ergreifenden Laienklosters der Jahre 1981–1985 nicht halten. Das Fasten und die tägliche Messe waren damals Sache von fast der Hälfte der Pfarrangehörigen. Das war eine außergewöhnliche Periode, und das Aufblühen der Charismen, die von Tomislav Vlašić so gut geweckt und unterschieden wurden: insbesondere Jelena. Die Anforderungen des Alltags haben wieder Oberhand gewonnen, aber die Grundlage bleibt fest, die Heiligkeit ist überreichlich, diskret, stärker als es scheint.

Sicherlich ist nicht alles ideal. Das Leben jeder Gruppe ist ein täglicher Kampf, aber angesichts der Gesamtheit der geistlichen und materiellen Probleme und Interessen an diesem intensiven und sich in Bewegung befindlichen Ort wundert man sich, an keinem Aufbrechen vielfacher Konflikte und Zersetzungsprozesse teilzunehmen, wie so oft in solchen Fällen. Es gibt zweifellos Spannungen, um so viele Probleme zu lösen, aber sie werden so gut in die Hand genommen und nach und nach gelöst, daß der Besucher sie nicht wahrnimmt. Dies ist erstaunlich in einem Land (des Balkans), wo alles Konflikt ist, auf allen Ebenen: auf der ethnischen, religösen, kirchlichen Ebene, usw.; und näherhin in dieser Pfarre, wo die latente Gegnerschaft des Bischofs ein Problem bleibt, das die Pfarre seit 15 Jahren ständig in die Hand genommen hat, mit großer Entsagung, inmitten der großen Unsicherheiten (DN 6), in unveränderter Ehrerbietung und unverändertem Gehorsam gegenüber dem Nachfolger der Apostel.

Diese Gesundheit der Pfarre ist einer der wichtigsten Gründe für die Entfaltung der Wallfahrt, denn die Pfarrangehörigen halten dabei einen ständigen Grundstock an Gebet, Präsenz, liturgischen Gesängen (volkstümlich und ergreifend) und vielen Diensten aufrecht, darunter den der Beherbergung der Pilger, die im Ort seit 1981 über Anraten der Priester in die Hand genommen wurde, zuerst improvisiert und später organisiert, was gediegene menschliche und geistliche Bedingungen schafft.

Alles hat sich aus dieser Verständigung zwischen den ständig neuen Besuchern und diesen Ortsansässigen ergeben, die da sind und wirklich auf so vielen Ebenen präsent sind. Sonst hätte die Wallfahrt schwerlich fortbestehen und leben können.

Dazu kommt die inbrünstige, großzügige, unerschöpfliche gegenseitige Hilfe der Franziskaner der ganzen Region, die das Netz der täglich notwendigen Beichten, Predigten aufrechterhalten.

2. PILGER

Die ständig wachsende Zahl der Pilger, die bis zum Beginn des Krieges eine Million pro Jahr überstiegen hatte (gleiche Zahl wie in Fatima) ist von dieser Geißel brutal gestoppt worden. Einige Monate hindurch war es unmöglich nach Medjugorje zu fahren. Die Ausnahme waren einige Kühne, denen es möglich war, sich gegen alle Widrigkeiten durchzuschlagen. Aber sehr schnell machten sie Schule und kleine Pilgerfahrten, von den Franziskanern unterstützt und ermutigt, haben zunächst den Gefahren und dann den Unannehmlichkeiten getrotzt. Ich habe unter anderen, mit der Pilgerfahrt von Geneviève Bastard, eine 24-stündige Flugzeugentführung am Flughafen von Rom erlebt, in der Unsicherheit eines von Zagreb untersagten Fluges: diese Phase ist glücklicherweise vorbei. Dann, mit Maître(*) Fricoteaux, die massive Absage von Pilgern, denen ihre Familien Angst eingejagt hatten, wodurch der gebuchte Flug in einen Linienflug nach Venedig geändert werden mußte, gefolgt von einem Tag im Bus und in Eisenbahnfähren, um das Dorf Unserer lieben Frau zu erreichen. Diese Mini-Wallfahrt der Soldaten von Gédéon ist eine von denen, die sich am stärksten in mein Gedächtnis eingeprägt haben (*Chrétiens Magazine*, 15. April 1993, Nr. 60, S. 16–21).

Jedem Widerstand zum Trotz stiegen die Zahlen weiter, synchron mit den Hilfslieferungen für die unbeschreibliche Not Bosniens. Die Strömung hat mit den Franzosen begonnen (kleinere Gruppen in unserem Land, wo Medjugorje nicht gern gesehen war und von allen Seiten Entmutigung erfuhr). Es folgten die Englischsprachigen, die Deutschen, und in neuerer Zeit die Italiener, lange Zeit hindurch in der Überzahl. Sie kamen seltener, standen aber an erster Stelle bei den heroischen Hilfslieferungen. Ein neuer und beträchtlicher Zuwachs kommt aus den na-

---

(*) Maître: Anrede und Titel des frz. Notars, Anwalts usw./Anm. d. Übers.

hegelegenen Ländern Osteuropas. Einige Zahlen erlauben es, das Ansteigen zu messen, jenseits des Abflauens wegen des Krieges.

Dazu kommen gut hundert Bischöfe.

Derzeit gibt es im Durchschnitt rund zwanzig Beichtväter pro Tag; viel mehr an den Wochenenden, wenn die Kroaten der Region heranströmen. Und mehr als hundert an den großen Festen, wie am Jahrestag, dem 25. Juni.

Dieser Zustrom beruht nicht auf einer externen, gewappneten Propaganda, auf den technischen Mitteln der Public Relations. Es ist die übernatürliche Gnade von Medjugorje, die die Bewegung aufrecht erhält und verstärkt. Die Heilungen, aber vor allem die Bekehrungen, die erhaltenen Gnaden, von denen die Betroffenen unbefangen in ihrer Umgebung Zeugnis ablegen, schaffen die beste und tiefste Propaganda: vom Mund zum Ohr, ausgehend von Menschen, die vom Grund ihres Herzens aus überzeugt sind. Im nächsten Kapitel: „Zeugnisse" wird etwas davon durchscheinen.

Die „materialisierten" Menschen, von unseren technischen und laisierten Zivilisationen gedoppt, entdecken das wahre Leben: Gebet, Fasten und alles andere mit Hilfe der Beichte, die viele in Medjugorje neu lernen.

3. JUGENDFESTIVAL

Das 1989 gegründete Jugendfestival wurde trotz aller Schwierigkeiten, trotz des Krieges, unter heroischen Bedingungen fortgesetzt. Es fand zum siebenten Mal statt, bevor die internationale Befriedung Erfolg hatte, zu den gewohnten Terminen: 31. Juli – 6. August (Tag der Verklärung des Herrn); ein neuer Rekordzustrom: 3.000 statt 2.000 im vergangenen Jahr, mit einem starken Zuwachs von Jugendlichen aus dem Osten, wo viele Durst nach dem Spirituellen haben, zu einer Zeit, da sie auf chaotische Weise und in einer oft tragischen Armut von der Diktatur der Verfolgung des atheistischen Materialismus zum Einbruch des liberalen, aber einigermaßen erdrückenden Materialismus des Westens übergehen. Viele Ungläubige sind zu diesem Festival gekommen, neugierig und durstig, und diese Erfahrung läßt sie durch den Glauben zu Gott überlaufen.

Die noch jungen Seher, die mit tiefer menschlicher und christlicher Überzeugung junge Familien gegründet haben (2. Kapitel), sind ein wichtiger Beitrag zu den Unterweisungen von Slavko und denen, die er jedes Jahr auswählt, darunter Schwester Emmanuel, die ein Charisma hat, den spirituellen Fluß weiterzuleiten. Mirjana und Jakov haben dieses Jahr Zeugnis abgelegt.

Es handelt sich nicht um eine oberflächliche Frömmigkeit, diese Jungen würden keinen Partikularismus von Medjugorje akzeptieren. Man hat von ihnen verlangt, mit einer Heiligen Schrift zu kommen, denn dies ist die große christliche Quelle, zusammen mit den Sakramenten, die sie an Ort und Stelle finden: Beichte und Eucharistie (*Écho*, 120, 6b).

Das Festival hatte gut begonnen, man bemerkte die Busse aus dem Osten: davon 20 aus Tschechien und der Slowakei, aber viele waren zu Fuß gekommen, mit dem Zug oder mit dem Auto. Das Thema war: *„Die Jugend mit Maria für das Leben und den Frieden."*

Ein wirklich „sehr warmes" Festival, erinnern sich die Teilnehmer. Menschliche Wärme und Hundstage, unter Zelten, deren Klimatisierung nicht zu unterbieten war:

> *Die Gemeinschaft der Seligpreisungen hatte Gebete und Gesänge mit vielen Instrumenten organisiert, die die Begeisterung unterstützten, der Morgen war einer Unterweisung gewidmet, gefolgt von Gebet. Am Nachmittag waren die Zeugnisse an der Reihe, darunter die der Seher: Ivan, Mirjana, Jakov, sowie die von Agostino und den Jugendlichen der Gemeinschaft des Zönakels, der von Schwester Elvira wiederhergestellten Drogensüchtigen. Am Abend betete man die sogenannten Medjugorje-Offizien und nach dem Essen gab es wiederum Zusammenkünfte mit Austausch. Jozo Zovko war während der ersten Tage einer der Vortragenden. Aber am vierten Tag, am Freitag, dem 4. August, als Schwester Emmanuel dazu einlud, sich für das Leben zu entscheiden und schon fast geendet hatte, löste der Blitzkrieg von Krajina den Alarm aus. Jede öffentliche Versammlung war unterbrochen. Alles hat sich kapillarisch, schweigend und ohne Einberufungen wieder erholt. Viele sind am 5. August auf den Berg gestiegen, an dem Tag, an dem Medjugorje diskret den Geburtstag der Muttergottes auf dem Hügel des Križe-*

vac feiert, zur Gebetsnacht und zur Abschlußmesse bei Sonnenaufgang, dem Tag der Verklärung des Herrn (s. Écho, 122, 4bc)

Jahr	Anzahl der Kommunionen	Anzahl der Priester
1986	583.400	7.438
1987	804.800	11.915
1988	1.018.500	13.018
1989	1 018.075	12.667
1990	1 373.850	14.269
1991	550.300	6.023
1992	232.600	198
1993	369.300	2.430
1994	579.420	4.517
1995	587.300	5.050

4. NEUE GEMEINSCHAFTEN

Eine der tiefsten Früchte Medjugorjes (wie bei jeder spirituellen Bewegung) ist das Entstehen neuer Gemeinschaften, um die Botschaft und den Geist von Medjugorje zu leben. Keine abgesonderten Grüppchen: viele Gemeinschaften, die entstanden sind, sind nicht nur auf Gebet und Fasten gegründet, sondern auf dem Opfer für die Erlösung der Welt, in vollkommener Vereinigung mit Gott. Im allgemeinen fließen ihnen Mittel zu, wie es auch in den Evangelien und der Apostelgeschichte berichtet wird (Apg 1–4), denn die ursprüngliche Pfingstgemeinschaft ist geblieben. Das ständige Modell der Inspiration, aus dem so viele Gemeinschaften des christlichen Lebens seit 2000 Jahren neu erstehen. Die, die aus den Botschaften der Muttergottes in Medjugorje entstanden sind – sie wurden in den vorherigen Band angeführt – (mehr als ein halbes Dutzend) bestehen weiter. Wir werden Wiederholungen vermeiden und bleiben bei einigen hervorstechenden Neuigkeiten.

Kraljice Mira

Die 1988 von Tomislav Vlašić OFM gegründete Gemeinschaft hatte 1989 die Elite der Jugend Medjugorjes zu einem anspruchsvollen religiösen Leben versammelt (Nr.8, 12–13 und 50–54; 9, 41–44; 10, 74–75; 11, 62–63; 12, 52–55; 13, 64–68; 14, 61–63). Aber sie hatte seltsame destabilisierende Angriffe erlebt. Weder der Glaube noch die innere Haltung wurden gebeugt, aber durch die öffentliche Mißbilligung eines der Mitglieder (einer Seherin) wurde die Gemeinschaft schließlich aufgelöst.

Tomislav Vlašić ließ sich nicht entmutigen. Nach mehr als einem Jahr demütiger und beharrlicher Geduld hat er seine Gründung auf festen Grundlagen der Kirche wieder aufgenommen, mit nur einigen der ersten Mitglieder, unter dem Namen *Kraljice Mira* (Königin des Friedens).

Dieses Mal scheint es das Richtige zu sein. Der hohe Anspruch ist geblieben und die Gemeinschaft wird doppelt gespeist, durch zu viele Berufungen, die ausgewählt werden müssen, dank der großen Ausstrahlung Tomislavs auf die italienische Jugend.

Die Gemeinschaften von *Kraljice Mira* beginnen sich zu vervielfachen.

Außer Lama dei Peligni, dem Gründungsort, siedelte sich eine andere Gemeinschaft mit rund zwanzig Mitgliedern in Medjugorje an. Eben erfolgte der Spatenstich für ein großes Kloster nahe dem Podbrdo, in der Nähe eines kleinen Waldes. Dieses Kloster in Form eines Tau, des griechischen Buchstabens, umfaßt eine Art natürliches Amphitheater für große Versammlungen unter freiem Himmel, denn diese Gemeinschaft wird bei der Leitung der Wallfahrt eine Rolle spielen. Bis zur Errichtung des Klosters wohnt die Gemeinschaft sehr diskret in dem großen Gebäude 200 Meter hinter der Kirche, wohin sich Tomislav nach dem Scheitern seiner ersten Gemeinschaft zurückgezogen hatte.

Eine dritte Gemeinschaft ist in Penne gegründet worden, in der Diözese Pescara, wo der Bischof sehr günstig gestimmt ist. Zur Zeit, da ich diese Zeilen schreibe, besteht sie aus rund fünfzehn Mitgliedern.

Eine vierte ist in Rotondo (Provinz Ancona) entstanden.

Tomislav entgeht nicht dem geistlichen Kampf. Er hat noch Feinde. Man hat ihm vorgeworfen, seine Gemeinschaft, die gegründet wurde, um die Botschaft von Medjugorje zu leben, nach den diskreten Botschaften von Agnes Heupel zu leiten. Aber er sieht dabei keine Überlagerung, da die Gnade von Agnes Heupel in Medjugorje aufgebrochen ist (bei ihrer Heilung), ebenso wie die Jelenas, und voll in das Ganze integriert ist.

Er führt seine Gründung mit Vorsicht. Anfangs schlug er ausdrücklich eine Opfermystik vor. Das entsprach der großen Tradition der Seelen, die sich freiwillig mit dem erlösenden Kreuz Christi vermählen. Man konnte ob der Risken beunruhigt sein. Aber diese Unterweisung erfolgte diskreter, nuancierter, progressiv, mit einer vorsichtigen Sorge, jeden Druck und jedes Risiko auf diesem tiefen, aber riskanten Weg zu vermeiden. Tomislav hat dies immer gelehrt, ausgehend von der Liebe, als Hingabe an die Barmherzigkeit Gottes, auf eine Weise, die mit jener der Hl. Therese von Lisieux übereinstimmt: eines der bewundernswertesten Modelle dieser Spiritualität.

Tomislav hat soeben einen neuen Band herausgegeben, der seine Anweisungen an seine Gemeinschaft in neun „Briefen", von der Fastenzeit 1992 bis zur Fastenzeit 1995, enthält. (*Eucaristia vivente. Lettere alle anime offerte*, 12, Penne, Franziskanerkloster, September 1995).

Man erkennt darin gut die Botschaft von Medjugorje, die bis ans Äußerste ihrer Forderungen gebracht wird; und dies von den ersten Seiten des Buches an.

– Das freudenreiche Geheimnis der von den Erscheinungen auf dem Podbrdo verkündeten Frohbotschaft: Aufruf zur Heiligkeit, Einladung, sich mit dem Heiligen Geist zu verbinden für eine Ganzhingabe, die aus seiner Gnade und seiner schöpferischen Kraft hervorgeht (S. 5).

– Das Geheimnis des Kreuzes, das in Medjugorje so klar auf dem Križevac aufgezeigt wird, wohin Ivan und seine Gebetsgruppe jeden Freitagabend zwischen 21 Uhr und 22.30 Uhr kommen, um dieses Geheimnis zu feiern. Es ist eine Einladung, bis ans Ende des Aufrufs Jesu zu gehen: *„Wer mir nachfolgen will, verleugne sich selbst, nehme sein Kreuz auf sich und so folge er mir nach"*, aktualisiert in der Botschaft der Muttergottes in der heutigen Welt:

– *Opfert eure Leben für die Rettung der Welt* (Botschaft der Gospa, 25. Februar 1988, zitiert von Tomislav, a. a. O., S. 7).

Das Leiden war der Weg der Erlösung, es war der Weg der Mutterschaft Mariens, in Vereinigung mit den Leiden des Gekreuzigten, der sie in der Stunde der schmerzhaften Geburt des Heiles zur Mutter des Jüngers machte, indem er ihr eine „neue Mutterschaft“ verlieh (S. 10: wo Tomislav Johannes Paul II., *Salvifici doloris,* 11. Februar 1984, Nr. 26, zitiert). Wie der Papst ruft Tomislav „das Schöpferische des Leidens“ (Nr. 24) in Erinnerung, „das zur Quelle inneren Friedens und geistlicher Freude werden kann“ (Nr. 26). Das Leiden kann nicht angenommen und „verwandelt werden durch eine äußere *Anstrengung,* sondern durch eine innere Gnade“, durch die Liebe, die das Leben annimmt und verklärt und vergöttlicht durch die kontrastierenden Geheimnisse des Evangeliums: die freudenreichen, schmerzhaften und glorreichen.

Es ist wirklich die Botschaft von Medjugorje, interpretiert im Lichte des Evangeliums und des Lehramtes Johannes Paul II. (seiner gegenwärtigen tiefen Erfahrung des Leidens), die Tomislav so viele Jugendliche zahlreicher Nationalitäten lehrt, in ihr Leben umzusetzen. Die Berufungen strömen ihm nur so zu.

Die Gemeinschaft nimmt ungefähr alle 6 Monate eine neue Gruppe von Kandidaten auf: die nächste im Herbst 1996. Rund dreißig Kandidaten warten.

Im übrigen haben die Predigten und Einkehrtage von Tomislav rund fünfzig Fraternitäten herangebildet, die sich aus Laien zusammensetzen, die dieselbe Spiritualität leben. Brüder der *Kraljice Mira* betreuen diese Gemeinschaften. Die Vereinigung *Lebendige Eucharistie* entspricht den Bedürfnissen dieser Fraternitäten: Herausgabe von Büchern und Kassetten, Organisation von beachtenswerten Seminaren und Treffen unter der Leitung von Tomislav.

Die Gemeinschaft *Kraljice Mira* ist offiziell von den Bischöfen von Pescara und Fabriano (Fax 0872/916 215, Tel. 0872/91242) als Vereinigung von Gläubigen anerkannt, unter der Leitung von Tomislav Vlašić, der Franziskaner (OFM) bleibt, eingegliedert in die Provinz der Abbruzzen.

Tomislav kommt von weit her. Dieser große spirituelle Erwecker hat erbitterte Feinde auf Erden und in der Hölle. Er hat bewiesen, daß er geduldig und demütig die Hindernisse überwinden kann und die tausend Anforderungen einer Gründung auf sich zu nehmen weiß.

Die Oase

Die Gemeinschaft der Oase entfaltet sich weiterhin, sie zählt jetzt 120 Mitglieder, 9 Gemeinschaften, 10 Häuser: das zehnte Haus: *Priabona* (Vicenza, Italien): der Ort, wo die Gemeinschaft entstanden ist, aber vom Bischof nicht zugelassen wurde, behält eine Eremitage und einen Besinnungsraum an diesem Ort ihrer Gründung, aber es ist ein Durchgangsort und keine ständige Gemeinschaft.

Was die Gemeinschaft von Medjugorje betrifft, so ist sie nur eine Privatresidenz, weil der Bischof, Ratko Perić, die offizielle Aufnahme einer Gruppe keinesfalls zugelassen hat, die gegründet wurde, um die Botschaft der Erscheinungen zu leben, deren Gegner er ist. Die *Oase* ist daher nur auf diskrete und nicht auf kanonische Weise anwesend; was in der Kirche möglich ist, die trotz ihrer Spannungen und Schwierigkeiten ein Ort der Freiheit bleibt und kein Zuchthaus oder Gulag. Hier die Liste der Häuser der *Oase* in der Reihenfolge der Gründung (ohne *Priabona* zu erwähnen, wo ich meinen allerersten Besuch gemacht hatte, da sie eine Gedenkstätte und kein Sitz einer Gemeinschaft mehr ist).

1. Domus Mariä, Diözese Cagliari: 1989
2. Passo Corese, Suburbikardiözese Sabina Pojjio Mirtetto: 1989
3. Pedara, Diözese Catania 1992
4. Sassinoro, Diözese Benevent: 1993
5. Deliceto, Diözese Foggia: 1993
6. Quixadà, Brasilien: 1994
7. San Marcello, Diözese Jesi, Provinz Ancona: 1994
8. Dunsinane, Diözese Mandeville, Jamaica: 1995.

Zahlreiche Bischöfe Italiens und von anderswo ersuchen um die Niederlassung einer Gemeinschaft der Oase: viel mehr Anfragen als der Gründer, Don Gianni Sgreva, annehmen kann.

Sechs Mitglieder der Gemeinschaft wurden zu Priestern geweiht, eine siebente Priesterweihe ist am 7. Dezember 1996 vorgesehen.

Was Bischof Niccolo Rotunno betrifft, der in der Gemeinschaft wohnte, nachdem er die Leitung seiner Diözese Sabina abgab, so lebt er heute in seinem Geburtsdorf Stigliano und wünscht sehr, daß dort eine Gemeinschaft der *Oase* gegründet werde.

Andere Gemeinschaften

Seit dem vergangenen Jahr habe ich von den meisten anderen Gemeinschaften, die ausführlich in DN 12, 55–57; DN 13, 68–70 zusammengefaßt sind, keine Nachrichten erhalten. Es scheint: keine Nachrichten, gute Nachrichten.

Nigerien

Seitdem ist eine neue Gemeinschaft in Nigerien entstanden, gemäß derselben Inspiration und demselben Ziel, unter den sehr andersartigen Bedingungen Afrikas. Der Gründer: Msgr. John Bosco Akm, Rektor des *Memorial Seminary*, hat diese Gründung nach einer Pilgerfahrt nach Medjugorje mit Bischof Consum Gamaka ins Leben gerufen. Er drückt sich so aus:

> *Ich bin Priester und bilde die Seminaristen in Nigerien heran. Wir sind eine junge Kirche,die kaum hundert Jahre alt ist. Unser Volk dürstet und hungert nach Gott. Meine Pilgerfahrt nach Medjugorje war eine unerhörte Gnade. Es war die schönste Erfahrung, die ich in Europa gemacht habe, tief bewegt von der Andacht, mit der man betet. Der Krieg in Nigerien ging ohne logische, diplomatische oder politische Erklärung zu Ende. Nur das Rosenkranzgebet hat in unserem Land den Frieden gebracht. Wie sollte man nicht an die Kraft dieses demütigen Gebetes glauben?* (Écho, 118, 4.)

Die neue Gründung möchte die Botschaft von Medjugorje leben und weitergeben (gemäß E 124, S. 5a).

5. GEBETSGRUPPEN

Die Gebetsgruppen vermehren sich weiterhin auf unbeschreibliche Weise. Es gab mehrere davon in Medjugorje; einzig die von Jelena wurde nicht weitergeführt, weil sich deren junge

Mitglieder überallhin zertreut hatten. Die anderen haben weitergemacht. Eine neue Gruppe ist entstanden aus diesem selben Durst nach Gebet, das seine Form in jeder Altersgruppe oder in anderen Gruppen sucht.

Sie ist ausgegangen von zwei jungen Leuten der Gemeinschaft von Schwester Elvira, Marijo und Agostino. Sie sind rund zwanzig, die auf den (Erscheinungs)berg zum Gebet gehen und lernen, Zeugnis abzulegen. Pater Slavko führt sie und Jakov hat ihnen Lieder geschrieben, die sie vertonen. Sie möchten gerne andere junge Leute mitreissen, die heute in den Bars herumlungern (E, 15. Juli 1995).

Andererseits vermehren sich die Medjugorje-Gruppen weiterhin in allen Teilen der Welt, besonders in den USA, und in ganz Amerika, wo es tausende davon gibt, sowie in Australien, Österreich, usw.

6. ZENTREN, VORTRÄGE, VERSAMMLUNGEN

Tausende Gruppen, deren Feuer durch die Reisen der Franziskaner und der Seher neu belebt wird, unterhalten ihre Verbindung dank der *Zentren Unserer lieben Frau vom Frieden*: mehr als 200 in den USA. Eines von ihnen habe ich im Juli 1995 besucht, das der dynamischen Leitung von Thomas Petrisko, einem jungen Familienvater tschechoslowakischer Herkunft anvertraut ist. Seine Wallfahrt nach Medjugorje hat einen Umbruch in seinem Leben bewirkt. Er war Chiropraktiker, ganz gewöhnlicher Christ, er hat alles verlassen, um eines dieser unzähligen Zentren zu gründen, die die Information, die Glut und die Kontakte in den USA aufrechterhalten. (Ich habe ihm eine Reportage in *Chrétiens Magazine*, September 1995, Nr. 83, S. 21–24, gewidmet).

Aus diesem weiten Netz ergeben sich große Zusammenkünfte, die an Wochenden, an denen das Gebet vorherrscht, tausende Teilnehmer versammeln. Ich mußte darauf verzichten, deren Bestandsverzeichnis weiterzuverfolgen. Eine der wichtigsten wird jedes Jahr an der *University Notre-Dame* abgehalten: in den letzten Jahren unter dem Vorsitz und der Leitung von Bischof Hnilica, einem Slowaken, der dem Papst nahesteht und Gründer von Gemeinschaften für die Länder Osteuropas ist.

7. MEDIEN UND VERBREITUNG

Éco

Die Medien von Medjugorje folgen in keiner Weise einem vorgefaßten Plan. Was die Presse betrifft, so bleibt das *Éco* führend, eine schöne Quelle an Informationen, für die Heranbildung und die geistliche Vertiefung. Es ist jetzt bei 750.000 Exemplaren und wird in 12 Fremdsprachen übersetzt, dazu kommen verschiedene Gemeinschaftssblätter, von denen einige weiter oben, S. 5, zusammengefaßt sind: siehe das Kürzelverzeichnis. Sie sind Kontaktquellen zu Medjugorje, die ständig erneuert werden.

Radiosender

Die in *DN 12*, S. 58–59 angegebenen Radiosender arbeiten weiterhin in Italien, Polen und, seit einem Jahr, in Kroatien. *Radio Maria* in Polen hat 8 Millionen Zuhörer.

Fernsehen

Schwester Emmanuel bereitet eine lange Serie von Sendungen für das amerikanische Fernsehen vor. Jede Sendung wird eine Botschaft der Muttergottes mit verschiedenen Zeugnissen illustrieren. Pater Jozo Zovko hat schon mit neuen Details über seine lange Zeit im Gefängnis erzählt, wie er zu den Wärtern von Gott sprach, wie sehr er darunter litt, keine Hl. Messe feiern und keine Bibel haben zu dürfen. Gestärkt wurde er dadurch, daß er sah, wie sich die Herzen rund um ihn öffneten. Jede halbstündige Sendung wird eine Schlüsselbotschaft der Gospa illustrieren. Eine Serie unter vielen anderen.

Kino

Beim ersten großen Film über Medjugorje, der im vergangenen Jahr herauskam (DN 14, S. 65), gab es einen Zwischenfall. Der Bischof von Mostar ersuchte die amerikanischen Bischöfe, dessen Verbreitung zu stoppen, aber die Angelegenheit hatte keine Folgen (E, 15. Oktober).

Um die Wahrheit zu sagen: der Film vereinfacht und dramatisiert künstlich das Geschehen. Er tut den Kontrasten Gewalt an, indem er einen abscheulichen, angeblich kommunistischen,

Bischof dem ruhmreich idealisierten Pfarrer von Medjugorje gegenüberstellt. Jozo Zovko ist sicherlich eine wunderbare Persönlichkeit . . . aber anders. Was Bischof Žanić betrifft, so war er weder abscheulich noch Kommunist. Er ist ein ganzer Mensch, impulsiv, aber ein Herzensmensch. Ich habe ihn diesbezüglich sehr geschätzt und bewundert.

8. HEILUNGEN

Das Kapitel der Heilungen war in den vorigen Bänden sehr reichhaltig. Dieses Jahr sind sie seltener geworden. Das liegt an zwei, bereits in den vorigen Bänden angeführten, Gründen:

1. Die Pfarre ist überlastet und hat, zumindest meines Wissens, aufgehört, das Register der Heilungen zu führen. Nach dem Weggehen von Pater Dugandzić hörte man mit den Eintragungen auf, und

2. der Krieg.

Es wäre wünschenswert, daß dies wieder aufgenommen wird, denn die mehr als 200 Heilungen, die in den ersten Jahren aufgezeichnet wurden, stellen noch eine sehr wertvolle Quelle für medizinische Studien dar.

Diese Studien wurden von der ARPA durchgeführt, mit einem Konstatierungsbüro, dessen Gebäude, das gerade vor dem Krieg fertiggestellt worden war. Dieses Büro sollte – auf ehrenamtlicher Basis – die Heilungen aufnehmen und medizinisch prüfen, aber der Krieg hat auch dieses Vorhaben gestoppt.

Hier einige *Zeugnisse*, die seit einem Jahr veröffentlicht werden, die spontan, oft ungenau, aufgezeichnet wurden. Zitieren wir sie unverändert . . . als Zeichen unter anderen, daß die Heilungen weitergehen, nach denen, die von Doktor Korljan anerkannt worden sind, dem leider verstorbenen Präsidenten der wissenschaftlichen Unterkommission der von den Bischöfen Jugoslawiens durchgeführten Untersuchung, und Professor Spaziante von Mailand (DN 13, S. 80–90).

Blinde sehen

„In Medjugorje habe ich am Sonntag Abend meine Brille verloren, und es war mir nicht möglich, sie in dieser Menge zu suchen. Es war der letzte Tag der Wallfahrt. Und nun kann ich die vorgelegten Papiere lesen, die ich ablehnte, weil ich sie vorher nicht ohne meine Brille hätte lesen können." Bestätigte Heilung. (Der Bericht sagt nicht von wem, er gibt lediglich die Unterschrift wieder: Lionel, einer der Pilger dieser Gruppe. MM 5, Juli 1995, S. 3).

Befreiung von Dämonen

X. (13 Jahre) kommt in Begleitung seiner Mama. Sie hat viele Ärzte, Heiler, Exorzisten wegen seiner „Krisen" um Rat gefragt. Sie bittet Pater Leonard, dann Pater Jozo, privat, nach seinem Vortrag. Am Heimweg von diesem Vortrag über Esoterik, spricht X., er erzählt von seinen esoterischen Kontakten, er ist geheilt. Vor der Niederschrift seines Zeugnisses rufe ich bei ihm an, und er bestätigt es, vermerkt ebenso lakonisch Régis Clause (MM 5, S. 3).

Eine verallgemeinerte Arthritis verschwindet wie im Fluge

Frau Eileen McHugo, England, gibt Zeugnis:

„Seit zwanzig Jahren leide ich an einer Rheumatoid-Arthritis. 1994 war ich mehrere Monate im Spital und machte eine Kur nach der anderen ohne jegliche Besserung.

1995 hatte ich eine schwere Depression und starke Schmerzen und war einige Monate, gezwungen, im Rollstuhl zu bleiben. Trotz einer Besserung hatte ich weiterhin mehr oder weniger starke Schmerzen. Mit großer Mühe ging ich die Stiegen hinauf, da ich die Knie nicht richtig beugen konnte, und ich konnte nicht länger als zehn Minuten stehen. Ich konnte die Arme nicht über die Schultern heben und konnte mich nicht einmal kämmen.

Ich war kraftlos. Ich fühlte mich überflüssig und als eine Last für meine Familie.

Ich bin am 6. Oktober [1995] in Medjugorje angekommen. Die Reise schien mir wie eine endlose Tortur, so sehr, daß meine Knöchel und meine Hände geschwollen und geschwärzt waren.

Am nächsten Tag ging ich mit großer Mühe zur Messe. Der Schmerz war noch stärker, und ich fragte mich, wie ich eine einstündige Messe werde aushalten können. Aber nach der Kommunion fühlte ich den Schmerz wie einen leichten Regen hinuntergleiten, vom Kopf bis zu den Füßen. Ich wollte aufstehen und mich ausstrecken.

Kaum aus der Kirche draußen fühlte ich mich leicht wie eine Feder. Ich weinte und sagte zu meinem Vater:

– Ich glaube, in der Kirche ist mir etwas ganz Besonderes passiert. Sieh, jetzt kann ich die Knie beugen.

Ich habe die Hände über den Kopf gehoben, dann habe ich versucht, die Stiegen hinauf-, dann hinunterzugehen. Ich bin mit den über dem Kopf erhobenenen Händen gelaufen, ich habe meine Eltern umarmt. Wir haben geweint und dem Herrn für seine barmherzige Liebe gedankt.

Am selben Abend ging ich auf den Gipfel des Križevac (540 Meter) bis zum Fuß des Kreuzes, wo ich Dank gesagt habe" (*Éco* 125, 5c.).

Geheilte Taubheit

Ivanka Drausnić aus Zagreb gibt Zeugnis:

„Im Alter von zwei Jahren wurden meine zwei Trommelfelle, links und rechts, unter unglückseligen Umständen zerstört. Meine Eltern haben mich zum Arzt geführt, aber ich wurde nicht operiert. Als junges Mädchen habe ich Hörgeräte verwendet.

1982 entschloß ich mich zur Operation des linken Ohres, auf dem ich nichts hörte. Die Operation brachte keine Besserung und ich verließ mich weiterhin auf mein rechtes Ohr, mit dem ich schwach das Timbre der Stimmen unterscheiden konnte.

Verliebt in die Königin des Friedens, bin ich oft auf Wallfahrt nach Medjugorje gekommen. Vor ganz kurzer Zeit, am 21. Oktober 1995, habe ich wieder eine Wallfahrt mit der Gebetsgemeinschaft *Corpus Domini* gemacht. Außer dem üblichen Gebet in dieser Gemeinschaft sind wir auf den Križevac gestiegen. Ich bin bei diesem Aufstieg aus der Fassung gebracht worden, denn plötzlich hörte ich gar nichts mehr, und ich hatte Angst, völlig das Gehör verloren zu haben.

Als ich vom Križevac zurückkam, spürte ich eigenartige Schmerzen im Kopf und ich sagte mir besorgt: „Mein Gott, was geschieht denn?" In der Kirche, während der Messe, begann ich sanft einzuschlummern. Bei halbem Bewußtsein hörte ich rundherum sprechen. In Čitluk (dem Nachbardorf von Medjugorje) angekommen, um dort zu schlafen, haben verschiedene Töne einen starken Schmerz hervorgerufen, und insbesondere die Stimmen meiner Begleiterinnen. Nervös sagte ich ihnen, sie mögen nicht so laut reden. Meine Begleiterinnen haben mich still angeschaut und plötzlich brachen sie in Lachen aus und sagten:

– Mein Gott! Aber du hörst ja!

Bei mir zu Hause angekommen, sprach ich leise mit meiner Familie. Mein Mann und meine Kinder waren erstaunt, dann verblüfft festzustellen, daß ich absolut alles verstand.

Anfangs mußten alle, auch meine Freunde, die auf Besuch kamen, leise sprechen, weil die kräftigen Töne einen starken Schmerz in meinen Ohren und in meinem Kopf hervorriefen.

Ich hatte Schwierigkeiten, mich dieser neuen Lage anzupassen und bin zum Arzt gegangen. Auch er war erstaunt. Er hat neuerliche Untersuchungen vorgeschlagen, die die Echtheit meiner Heilung bestätigt haben. Bald werde ich wieder nach Medjugorje fahren, um der Muttergottes zu danken und sie zu bitten, daß sie auch meine geistlichen Ohren völlig öffnet.“ (NM Februar 1996, S. 7. Siehe Écho, 125, 4c; 126, 4c.)

Ende einer angeborenen bilateralen Muskelschwäche

Anne, 29 Jahre (Schwester Emmanuel gibt nicht ihren Familiennamen an), ist mit einer Behinderung an den Füßen auf die Welt gekommen. Ihr Vater hat ein Muskelleiden; ihre Mutter ist querschnittgelähmt. Sie hat eine angeborene bilaterale Muskelschwäche (eine Art Muskelleiden), und nach drei Operationen an den Füßen weiß sie, daß sie bald überhaupt nicht mehr gehen wird können. Das ist nichts im Vergleich zu den furchtbaren Schmerzen, die sie erduldet. Am 7. April, am Ostermorgen, steht sie auf, bei vollem Bewußtsein ihres üblichen Programms: stechende Schmerzen, Beruhigungsmittel mit Opium, usw., aber sie beschließt, eine Dummheit zu machen: bis zur ersten Station des Kreuzwegs auf den Križevac zu gehen, wobei sie sich helfen lassen wird, denn sie ist gekommen, um die Heilung. . . ihrer Eltern zu erbitten. Sie weiß, daß sie diese Dummheit sehr teuer bezahlen wird müssen. Sie hat die Höchstdosis an schmerzstillenden Mitteln vorbereitet.

Anne erreicht mühevoll die erste Station, aber eine Kraft drängt sie, weiterzumachen. Sie spürt einen seltsamen Schmerz. Es sind nicht ihre Füße. Sie hat das Gefühl einer tiefen Vereinigung mit Jesus, der ein wenig sein eigenes Leiden mit ihr teilt. Sie bittet ihn sodann, besser mit seiner Passion mitzuleiden, um sie besser aufzuopfern . . .

Und das Unglaubliche geschieht. Allmählich ist sie mit den anderen am Gipfel des Križevac! Sie geht mit ihren beiden Gehilfen wieder hinunter und bemerkt, daß die Schmerzen verschwunden sind, ohne irgendein schmerzstillendes Mittel. In ihrem Zimmer testet sie ihre Füße. Und da springt sie, dreht sich, geht das erste Mal in ihrem Leben auf ihren Fersen.

Am Abend führt sie den Reigen der französischen Pilger an, ohne daß man so recht weiß, ob sie lacht oder vor Freude weint. Sie läuft, tanzt, wirbelt und springt als ob alle Behinderungen verflogen wären. Am Osterdienstag ging sie den Erscheinungsberg hinauf, um Dank zu sagen.

Was ihre Medikamentendosis betrifft, so ist dies bereits Vergangenheit. Pater Jozo hat ihr gesagt:

– Trage alle deine medizinischen Unterlagen zusammen und lasse deine Heilung sorgfältig bestätigen.

Aber für Anne war das schönste Ostergeschenk ihre Begegnung mit der Gospa, mehr noch als ihre Heilung. Seit ihrer Jugendzeit kümmerte sie sich nicht um die Muttergottes, um ihr Schiff ohne Gott steuern zu können, und sie hatte keinen Frieden. In Medjugorje nahm sie das Bild der Gospa an, das ihr Pater Jozo geschenkt hat, und sie führte ihr erstes Gespräch mit der Himmelmutter. Sie versöhnte sich mit ihr und weihte ihr ganzes Sein ihrem Unbefleckten Herzen. Seit diesem Augenblick hat sie endlich den Frieden des Herzens. Jetzt weiß sie, daß Maria mit ihr etwas vorhat, und sie gab ihr im voraus ein völliges „Ja“, ohne zu wissen, was kommen wird. Sie weiß, daß eine gute Nachricht auf sie wartet (E, 15. April 1996).

Verschwundene Akne

Eco 125, S. 5a, berichtet über die Heilung eines 42-jährigen Franzosen mit Namen Pascal:

„Er hatte Gott und die Kirche seit seiner Erstkommunion verlassen. Beeindruckt von einem Vortrag über Medjugorje, wozu ihn seine Gattin gedrängt hatte:

– Ich ging beichten [erzählt er] und der Priester mußte sich dreißig Jahre Greuel anhören . . .

Wie groß war jedoch meine Bestürzung festzustellen, daß ich von meiner Krankheit geheilt war: eine eitrige Akne mit Infektion der Gesichtshaut und der Brust, die Furunkel, Pusteln und in der Folge Narben erzeugte: neun Jahre lang Leiden ohne irgendeine Abhilfe. Heute nach der Beichte ist alles verschwunden, ohne eine Spur zu hinterlassen, außer einiger wenigen Narben. Jetzt bete ich und laufe jeden Sonntag in die Messe. Der Haß, den ich gegen alle hatte, ist völlig verschwunden, und ich empfinde eine große Freude auf dem Grund meines Herzens."

Niccolo Pacini

Ich habe bereits die Heilung von Niccolo Pacini erzählt, die sich in Medjugorje am 8. Dezember 1990 (DN 10, S. 90–91) ereignet hat, nachdem ich ihm in Italien begegnet bin, als er 13 Jahre alt war. Er ist jetzt 18, ist 1,82 m groß. Renzo Allegri schildert die Sachlage in MT, Nr. 68, S. 4–5.

„Dieser junge kräftige, aktive Toskane macht den Eindruck, als wolle er die Welt erobern, wie es der Hoffnung der Jugendlichen gebührt, die die Zukunft der Menschheit sind, aber er setzt seine Hoffnung auf die Kraft Gottes. Er erzählt:

Mit acht Jahren hatte ich eine sehr schwere und seltene Krankheit, für die die Ärzte keine Hoffnung gaben (eine Muskeldystonie). Ich war an den Rollstuhl gebunden. Ich hätte so bleiben müssen, bis dieses Übel mit den furchtbaren Schmerzen mein Leben zerbricht. Die Ärzte hatten mit allen möglichen Mittel, inklusive Chirurgie, Abhilfe gesucht. Es war schmerzhaft, aber nutzlos.

Aber nachdem man mich nach Medjugorje brachte, um dort der Madonna zu begegnen, bin ich vollkommen geheilt zurückgekehrt und konnte gehen.

Seine Mutter fügt hinzu:

Die Krankheit ist genau diagnostiziert worden. Die klinische Karte von Niccolo ist beeindruckend, wissenschaftlich gut dokumentiert. Ich und mein Mann haben unseren Sohn beinahe überallhin geführt. Niccolo ist von mindestens zwanzig Spezialisten, die zu den berühmtesten Europas gehören, untersucht worden. Die von diesen Kapazitäten erstellten Diagnosen und ihre chirurgischen Eingriffe bewiesen unvermeidlich eine echte, sehr schwere, anhaltende und irreversible Krankheit. Für die Heilung, die unerwartet einige Wochen vor einem neuerlichen und sehr heiklen, in Amerika vorgesehenen, chirurgischen Eingriff eintrat, gibt es keine menschliche Erklärung.

Alles begann im April 1986. Eines Morgens steht Niccolo auf und klagt über einen Schmerz am linken Fuß, der verdreht erschien, die Spitze nach außen gedreht.

– Du mußt beim Ballspielen einen Schlag abbekommen haben, sagt die Mutter.

Niccolo war damals 8 1/2 Jahre alt, er besuchte die dritte Klasse Grundschule bei den Patres Scolopes von Florenz. Er war ein lebendiger und kräftiger, sehr gesunder Bub. In den folgenden Tagen wurde der Schmerz durchdringender. Niccolo sagte, daß er nicht mehr gehen und seinen Fuß gerade halten konnte. Man brachte ihn zu einem Orthopäden, und dies war der Anfang einer endlosen Odyssee. Die Ärzte sagten zunächst, daß es sich um eine Sehnenentzündung handelte, sie verschrieben einige Medikamente und sagten, daß man zuwarten müsse. Aber die Lage verschlimmerte sich. Andere Ärzte wurden konsultiert. Sie verschrieben ebenfalls Heilmittel, ohne jedes Ergebnis.

Im September konnte Niccolo nicht mehr gehen. Er wurde von einem spezialisierten Spital aufgenommen. Dort sagten die Ärzte, daß er einen verdrehten Fuß (*piede torto*) habe, eine physische Mißbildung, die im allgemeinen bei der Geburt in Erscheinung tritt. Und die Ärzte selbst konnten nicht verstehen, wie diese Mißbildung erst im Alter von 8 1/2 Jahren aufgetreten ist.

Das Kind mußte damit beginnen, orthopädische Schuhe zu tragen und sich physiotherapeutischen Sitzungen unterziehen, aber sein Zustand verschlimmerte sich.

Das kranke Bein wuchs nicht mehr. Bei einer medizinischen Kontrolle wurde festgestellt, daß es um mehr als 2 Zentimeter kürzer war als das andere. Im August war keine Energie mehr in diesem Bein. Und Niccolo mußte sich des Rollstuhls bedienen.

Man suchte andere Spezialisten. Im Juli 1987 wurde Niccolo an der Sehne operiert. Nach Hause zurückgekehrt, konnte er stehen, aber nach einem Monat war alles wieder wie zuvor. Man brachte ihn ins Ausland: Spezialkliniken, eine nach der anderen. Er wurde von anderen berühmten Spezialisten operiert. Aber immer ohne Erfolg. Das Übel begann, das andere Bein anzugreifen, die rechte Hand. Die Finger krümmten sich. Die Faust ballte sich. Die Hand und die Arme wurden empfindungslos (*rattrappirono*). Selbst das Gesicht wurde von sehr schmerzhaften Krämpfen geschüttelt, auch die Augen. Niccolo sah fast nicht mehr.

Die Lage war dramatisch. Der Bub war schon sechs Mal an den Beinen operiert worden und man plante andere Operationen an den Händen, an den Armen und an den Augen.

Die Patres Scolopes, bei denen Niccolo in die Schule ging, erzählten der Familie von einem anderen berühmten Spezialisten. Dieser Arzt unterzog den Buben genauen Untersuchungen und erklärte, daß der Bub an einer „deformierenden Muskeldystrophie" litt: einer noch wenig bekannten Krankheit, für die es kein spezifisches Heilmittel gäbe.

Er sagte auch, daß man eine Hoffnungsreise in die Vereinigten Staaten machen könne, wo ein Professor mit einem gewissen Erfolg derlei Krankheiten behandelt. Die Familie bereitete sich also auf die Reise nach Amerika vor, als eines Tages Michela ins Haus kommt, eine Bekannte. Sie erzählte ihnen von Unserer lieben Frau von Medjugorje und bot sich an, den Buben auf eine Wallfahrt zu diesem Heiligtum zu begleiten.

– Ich glaubte nicht daran [sagte Frau Bruna Pacini, die Mutter von Niccolo]. Meiner Meinung nach hätte die Madonna, wenn sie Niccolo hätte heilen wollen, es zu Hause tun können. Außerdem wollte ich meinem Sohn keine neuen Hoffnungen machen; wenn ich ihn nach Medjugorje begleitet hätte, hätte dies eine neuerliche und schlimmere Enttäuschung sein können.

Während der Nacht hatte Niccolo, vielleicht angeregt durch die Erzählungen Michelas, einen Traum: er sieht eine ganz weiße Statue der Muttergottes inmitten einer großen Wiese. Unvermutet bewegt sich die Statue und macht ihm Zeichen, zu ihr zu gehen.

– Mama, die Muttergottes hat mich mehrere Male gerufen, sagt Niccolo am nächsten Tag und erzählt diesen Traum in der Familie. Wir müssen hinfahren.

Seine Begeisterung war sehr groß. Die Mama entschloß sich also, die Reise in Angriff zu nehmen und verständigte Frau Michela.

Das Abenteuer war angesichts des Zustandes des Buben schwierig. Sie kommen gegen 7 Uhr abends in Medjugorje an. Niccolo saß in seinem Rollstuhl. Man führte die Pilger sogleich in die Kirche.

– Ich war sehr bewegt [erinnert sich die Mutter von Niccolo]. Ich wollte beten, aber ich konnte nicht. Ich sah meinen Sohn an, der in seinem Stuhl zusammengekauert saß und fühlte mich vor Schmerz sterben. Vom Gefühl übermannt begann ich zu weinen, es waren befreiende Tränen.

Und da ruft mich Niccolo:

– Schau, Mama, meine Hand ist geheilt, sagt er.

Ich schaue und bin sprachlos (esterrefatta). Die rechte Hand meines Sohnes, ganz gekrümmt, verdreht, seit Wochen voller Spasmen mit verdrehten Fingern, die sich in den Daumen bohrten, hatte wieder ihre normale Form angenommen. Niccolo schloß sie, bewegte sie mit Anmut und Behendigkeit. Ich griff sie an. Sie war warm, schmiegsam. Das Kind hatte meine Hand mit seiner Hand, die einen Augenblick zuvor noch tot schien, gefaßt und drückte sie fest. Ich fühlte, daß sie gesund, kräftig war: die Hand eines Buben voller Energie. Was soeben passiert war, war unglaublich. Ich wollte mich keinen Illusionen hingeben.

– Vielleicht handelt es sich um eine vorübergehende Besserung, dachte ich.

Und dann war diese Hand nicht operiert worden, weil sie nicht so krank war wie die andere Hand. Niccolo war unruhig.

– Bleib ruhig, wiederholte ich ihm, und bedanke dich bei der Muttergottes.

Am Ende der Messe gehen wir hinaus. Man bringt uns zum Gasthof. Die Neuigkeit hatte sich verbreitet und alle sprachen von dem Ereignis. Sie beglückwünschten mich zusammen mit Niccolo, und er antwortete:

– Die Muttergottes macht keine halben Sachen. Heute hat sie meine Hand geheilt, morgen wird sie es wirken, daß ich wieder gehen kann.

Dieser Satz schmerzte mich, ich wollte nicht, daß sich mein Sohn Illusionen hingibt. Danach wird es für ihn schwerer sein, sich in die Realität zu fügen.

– Aber was behauptest du, sagte ich ihm. Daß die Muttergottes zu dir sagt: Lazarus, steh auf und geh?

Und er antwortet lächelnd:

– Nein, morgen wird die Muttergottes sagen: Niccolo, steh auf und geh.

Am nächsten Morgen kehrten wir zur Messe in die Kirche zurück. Ich stieg aus dem Autobus aus. Michela sagte, sie wolle Niccolo bis vor die Statue der Muttergottes auf dem Platz begleiten. Ich ging also in Richtung Kirche. Bevor ich hineinging, drehte ich mich um, um zu schauen, was mein Sohn machte und stieß einen Schrei aus: der Rollstuhl Niccolos war leer. Der Bub stand aufrecht und ging alleine. Ich begann zu weinen. Ich lief auf ihn zu und umarmte ihn.

Niccolo Pacini erinnert sich:

– Während ich vor der Muttergottesstatue stand, verspürte ich den Wunsch, sie zu fotografieren, um ein Andenken zu haben. Ich bat Michela, meinen Rollstuhl zu verschieben, um die Statue besser ins Bild zu bekommen. In diesem Augenblick empfand ich etwas Seltsames. Ich hatte den genauen Eindruck, daß eine kräftige Hand meine verdrehten und zusammengestoppelten Füße nahm und sie dehnte, sie aufrichtete und dasselbe mit den Beinen machte. Die Empfindung dauerte nur einige Sekunden. Dann spürte ich wie einen Impuls aufzustehen. Ich versuchte es und sah, daß ich Erfolg hatte. Ich hatte Angst zu stürzen.

– Hilf mir, ich möchte gehen, sagte ich zu Michela, die ganz nahe war. Ich habe mich auf sie gestützt, ich begann zu gehen. Meine Beine waren frei, gesund und robust. Seit diesem Augenblick bin ich gegangen." (MT März-April 1996, Nr. 68, S. 4–5).

N.B. - *Eco* 126 5b schätzt die wunderbaren Heilungen, „die mit wissenschaftlichen Unterlagen aufgezeichnet sind", optimistisch auf 500. Genauer gesagt wurden etwas mehr als 200

Fälle in der Pfarre aufgezeichnet, darunter rund zwanzig mit einigen Unterlagen. Die ARPA (italienische medizinische Vereinigung), der ich dieses Register zur Kenntnis brachte, hatte mit einer Untersuchung begonnen, um diese Heilungen zu dokumentieren. Aber die ARPA hat leider ihre Arbeiten kurze Zeit zuvor eingestellt, wir haben geschätzt, daß es sieben belegte Fälle gibt, die zu einem Befund Anlaß geben können. Ich habe die vorläufigen Schlußfolgerungen dieser sieben erstaunlichen Akten in DN 10, S. 36–39 vorgelegt; hinzu kommen zwei Bände von Professor Gildo Spaziante von der Fakultät in Mailand, die ich in DN 13, S. 71–91 vorgestellt habe.

9. SOZIALE DIMENSION

Die Stiftung für die Kindheit von Mauro Harsch, einem Schweizer Pianisten

Diese Stiftung, die wir verfolgen (DN 11, 67; 12, 59; 13, 91; 14, 67) kommt voran in Bombay, Sao Paulo und Medjugorje mit zwei Häusern für zwanzig Kinder, die Opfer des Krieges sind. Hinzu kommen verschiedene der Gesundheit dienende Hilfen. Hier die letzten Neuigkeiten, die ich am 7. Februar 1996 von Mauro Harsch erhalten habe, als ich ihn auf einer Reise in die Schweiz anrief:

„Unser Werk hat soeben ein Haus gegründet, in dem bosnische Waisen in Medjugorje aufgenommen werden. Wir haben es *Germogli* [Knospen] genannt. Derzeit beherbergt es rund zehn Kinder, die den Franziskanischen Schwestern anvertraut sind. Das Haus ist in das Projekt von Pater Slavko eingebunden.

In der Weihnachtszeit haben wir, wie im vergangenen Jahr für die Aktion *Kinder von Sarajevo*, eine neue Iniative unter dem Namen *Neugeborene von Posušje* gestartet. Seit langem erhielten die bosnischen Flüchtlingslager keine entsprechenden Produkte mehr, die für das gesunde und harmonische Wachstum der Neugeborenen unerläßlich sind. Unsere Aktion hat in das Lager von Posejus 50 Kisten mit folgendem Inhalt gesandt:

1.500 Pakete homogenisiertes Fleisch
1.500 Dosen Vitamin D3
1.500 Fruchtsäfte
1.500 Pakete homogenisiertes Gemüse und Obst.

Die Nahrungsmittel wurden direkt den Verantwortlichen des Lagers übergeben. (Immer das „von Tür zu Tür“ ohne Superstruktur oder Verwaltungswegen, die die internationale Hilfe behindern.)

Im vergangenen Jahr hat uns die Aktion *Kinder von Sarajevo* erlaubt, 100 Kisten mit Kinderkleidung zu übersenden.

Derzeit unterstützen wir das Projekt von Pater Jozo für den Bau eines Hauses für die bosnischen Waisen in Široki Brijeg und ein Zentrum für bosnische und kroatische Waisenkinder auf der Insel Jakljan (Dubrovnik).

In der Zwischenzeit gedeihen die Kinder unserer beiden Zentren in Bombay und Sao Paulo (*Itapetininga*) gut. Die Kinder besuchen die Schule und danken fortwährend in der Freude, neu aufleben zu können.

Unsere Stiftung wird von privaten Spenden und von den Erlösen von Wohltätigkeitsveranstaltungen unterstützt. Das von mir 1994 gegründete *St. Moritz Piano Festival* wird heuer zum dritten Mal vom 9. bis 14. Juli stattfinden, in dem berühmten Centre Engadinese; es ist das erste internationale Festival, bei dem alle Künstler und Organisatoren ihre Leistung unentgeltlich darbieten.

Derzeit gibt es mehr als 2.300 Freunde der Stiftung. Gläubige und Ungläubige, Mitglieder aller politischen und religiösen Familien, die aber vereint sind, um unglückliche Kinder zu unterstützen.

Unsere Zeitschrift *Germogli* hat einen großen Erfolg. Außer der Information über unser Werk bietet sie allen Kindern und Jugendlichen die Möglichkeit, etwas über ihre Probleme und ihre Ideen zu veröffentlichen, oder über alles, was die Welt betrifft. Diesbezüglich wären wir Ihnen dankbar, auf diese Zeitschrift hinzuweisen und alle Jugendlichen und Kinder der ganzen Welt einladen, uns ihre Niederschriften zu schicken, um einen konstruktiven Dialog zwischen den neuen Generationen zu schaffen.“ (Brief von Mauro Harsch, Vacallo, Schweiz, 7. Februar 1996.)

Adresse für die Kindheit in Medjugorje: Gazella postale 127 TH 6833 Vacallo. Postscheckkonto: 69-9865-9.

Schwester Elvira

Schwester Elvira hatte ein Werk für die gemeinschaftliche Entwöhnung Drogensüchtiger gegründet (DN 12, S. 59–63; 14, S. 68–70). Die Ergebnisse sind recht erstaunlich, denn auf diesem Gebiet sind Niederlagen und Rückfälle bei weitem der häufigere Fall. Hier sind die Entwöhnungen jedoch häufig und scheinen leicht zu gelingen. Medjugorje hat diesem Werk einen großen Aufwind gegeben, sowie das Gebet und die Hilfe Vickas, die unermüdlich die große in Medjugorje gegründete Gemeinschaft besucht.

Ich habe die Gemeinschaft neuerlich besucht: ein wahres Bienenhaus. Sie sind sechzig. Sie haben alles mit eigenen Händen gebaut: sehr gut, und verlängern jetzt die Gebäude. Ich habe vier Schubkarren hintereinander die Rampe, die errichtet wurde, um das Niveau des neuen Gebäudes zu erreichen, hinauffahren gesehen.

Ich habe das Zeugnis von zwei ehemaligen Drogensüchtigen gehört: ergreifend, bildreich und glücklich (s. unten, Anhang S. 134).

Kein Fernsehen in der Gemeinschaft, um die Kommunikation nicht durch die Hypnose der modernen Zeit zu unterbrechen . . .

– Wir sind glücklich, aber wir müssen uns ausdrücken, sagen sie.

Am Abend verzeiht man einander, wenn irgendeine Spannung oder ein Streit den arbeitsreichen Tag durchzogen hat. Man geht früh zu Bett, nach einem kurzen Abend ohne Fernsehen.

Welche Stimmung. Welche Lebensfreude bei diesen Leuten, die aus der Hölle gekommen sind. Ja, sie gehen in Frieden schlafen, sie gehen . . . früh schlafen.

Hilfe in Bosnien

Das humanitäre Kapitel ist beachtlich. Albert Bonifacio, unermüdlicher Medjugorje-Pilger, junger Bank-Pensionist, widmet seit dem Beginn des Bürgerkrieges sein ganzes Leben der allmonatlichen Leitung einer Karawane von gut zehn Lastwagen zu den Punkten, die am dringendsten Hilfe brauchen. Die Chronik dazu führt er in einem vervielfältigten Blatt, das wir in diesem Band des öfteren zitiert haben. Er führt die ergreifende Chronik seiner Fahrten, die weder gefährlichen Orten noch Toten aus dem Wege gehen (DN 13 war ihnen gewidmet). Im November war er beim Bericht seiner 61. Fahrt. Es ist nicht die einzige Gruppe in Italien. Ich habe schon zahlreiche Initiativen aufgezählt, und insbesondere in Frankreich, Belgien, England, usw. (DN 14, S. 70 ff).

Diese Hilfszentren, insbesondere jenes von Jacques und Ute Costermans, rue de la Motte 25, B 1390 Archennes (Belgien), haben ihre Tätigkeit (Sammlung von Lebensmitteln, Arzneimittel, Bibeln usw.) neu ausgerichtet, indem sie die finanzielle Hilfe für die wirksamen Zentren, die an Ort und Stelle arbeiten, verstärken, insbesondere das Zentrum von Pater Oreć, das weiterhin Prothesen für die zahlreichen Kriegsversehrten liefert.

Das in Medjugorje angesiedelte Team *Mediatrice* hilft bei der Verteilung dieser Hilfslieferungen in ganz Bosnien: ein Team von jungen Leuten, die Jahre ihres Lebens dafür opfern.

Slavko hat in Medjugorje selbst ein Dorf für die Kinder gegründet, die Opfer des Krieges wurden und oft Waisen sind (E, 30, 2). Die vier ersten Häuser sind in Bijakovići, dem Dorf der Seher, im November 1995 eingeweiht worden. Es ist unmöglich, mehr ins Detail dieser Hilfseinrichtung zu gehen, die von Medjugorje inspiriert ist und ihren Ausgang nahm, deren Ausmaß vergleichbar dem der internationalen Hilfe ist, die aber an Ort und Stelle verteilen wird, in den abgelegenen Orten, und nicht nur in Sarajevo, wo die Großen dieser Welt ihre Nummer aufziehen.

Diese Stelle verdient Aufmerksamkeit wegen der Wirtschaftlichkeit der Mittel, ohne diese Verwaltungskosten, die manchmal die Spenden auffressen. Dessen hat man beispielsweise den ARC beschuldigt, der als Hilfe für die Krebsforschung gegründet worden war, aber nur 27,5 % der Spenden gelangten in die Forschung. Bei Bonifacio und den anderen kommt alles an, ohne nennenswerte Kosten, dank einer großen mobilisierten Schar von freiwilligen Helfern. Am 21. März 1996 wurde das internationale Seminar der Medjugorje-Zentren mit folgendem Wunsch beendet:

Unser großer Wunsch, unser Traum ist es, daß Medjugorje ein ökumenisches Zentrum wie Assisi und im Geiste des heiligen Franziskus werde; ein großes Zentrum der Verge-

bung, der Versöhnung, der Liebe, des Friedens, damit die ökumenischen Begegnungen der verschiedenen christlichen Konfessionen und der verschienenen Religionen gefördert werden.
Möge Medjugorje auch ein großes Zentrum der Nächstenliebe für alle Armen des Krieges in Bosnien werden, in den drei katholischen Diözesen, bei den Orthodoxen und den Moslems, indem ein Teil der wirtschaftlichen Ressourcen, die die zahlreichen Pilger bringen, verwendet werde.
Möge die Königin des Friedens, Mutter aller, uns weiterhin durch ihre Gegenwart und ihre Liebe erleuchten und bekehren.

6. Zeugnisse

Medjugorje bleibt fruchtbar an Bekehrungen, Heilungen (s. oben, 5. Kapitel), Gnaden, Ereignissen und Fioretti aller Art. Hier einige Zeugnisse, „damit diese Krumen nicht verloren seien“: *ne pereant fragmenta*, wie das Evangelium sagt.

1. UNGEWÖHNLICHE VISIONEN

Rettung des Piloten O'Grady durch Medjugorje

Am 2. Juni 1995 ist der Pilot Scott O'Grady, in Luftfahrtmission in Bosnien, in Flammen zu Boden gegangen und das Öffnen seines Fallschirms wurde von den Serben beobachtet und gefilmt. Sechs Tage lang konnte er sich in einem gut georteten Umkreis verstecken, während die feindliche Armee das Feld durchstreifte, um ihn wiederzufinden. Er konnte sich den amerikanischen Stellen durch sein Radio zu erkennen geben und wurde von der amerikanischen Luftfahrt gefunden. Präsident Clinton und die ganze Nation haben ihn als Helden empfangen. Es war ein nationales und sogar internationales Ereignis. Etliche zehn amerikanische Interviews, die ich aufgenommen hatte, sagten nur sehr Vages über die „religiöse Erfahrung“ des Piloten in diesen dramatischen Tagen.

„Diese Erfahrung kann der bosnischen Stadt Medjugorje zugeordnet werden: einem Wallfahrtsort, wo die Katholiken des Ortes glauben, daß die Muttergottes seit 1981 erscheint.
– Ich betrachtete mich vorher als religiös, aber nicht so, daß ich an irgend etwas Derartiges geglaubt hätte, sagte O'Grady lediglich im Fernsehsender NBC.“

Ich versuchte, den Piloten zu erreichen. Aber das detaillierte Interview von Anne Ryder in *Medjugorje Magazine*, Winter 1995–1996, S. 30–34, hat mich endlich zufriedengestellt . . . sofern man vom Unsagbaren sprechen kann.

Hier das Wesentliche dieses Interviews hinsichtlich dessen, was hier von Interesse ist:

A. Ryder. – Was machen Sie seit der Rettung?

S. O'Grady – Immer sehr beschäftigt . . . bei der Arbeit 12 Stunden pro Tag [...]

A. R. – Bleibt Ihnen Ihre Erfahrung in Bosnien gegenwärtig?

S. O. – Ich denke nicht, daß ich sie jemals vergessen kannn, selbst wenn die Gemütsregung des Augenblicks verschwunden ist, wie das normal ist, denn sie befand sich auf einem zu hohen Niveau. Das bleibt *die größte Erinnerung meines Lebens*. Sechs Tage lang habe ich eine echte spirituelle Erfahrung durchlebt. Für mich waren diese Tage wie Exerzitien, die erschütterndste Kommunikation, die ich jemals hatte. Ich bete nicht 24 Stunden pro Tag, wie ich es während dieser sechs Tage gemacht habe. Seit dem Zeitpunkt, da das Geschoß mein Flugzeug getroffen hat, war das, was ich erlebt habe, unglaublich.

A. R. – Ein ständiges Gebet?

S. O. – Ja, es ist bestürzend, wie sich die Kommunikation in Zeiten der Verzweiflung nach oben öffnen kann. Das war der Fall bei mir, denn Jemand schaute mich an, und ich weiß nicht, was ich sonst gemacht hätte.

A. R. – Das war das Erste, was Sie nach Ihrer Rückkehr gesagt haben und was viele Leute in Erstauenen versetzt hat: „Wenn es Gott nicht gäbe, wäre ich nicht da." Warum haben Sie als erstes von Gott gesprochen?

S. O. – Das ist mir so gekommen, wahrhaftig. [...] Ich war ein Soldat, versehen mit einem Verhaltenskodex. Ich hielt ihn gut ein [...] und ich habe eine ganze Menge Beweggründe gefunden, um mich davon zu befreien. [...] Das Wichtigste in einem solchen Fall ist es, Gott an die erste Stelle zu setzen und sich Ihm zu öffnen. [...] Wenn sie mit einer Todessituation konfrontiert sind, wird ihnen klar, daß viele Dinge nicht wichtig sind. Wichtig ist das, was sie mitnehmen werden, wenn sie diese Welt verlassen werden. Die Gesellschaft ehrt den Erfolg, das Geld und die Macht [...]. Ich habe wohlhabende Freunde und Freunde, die sehr arm sind, und die, die das beste Familienleben führen, sind am glücklichsten. [...]

A. R. – Man hätte niemals gedacht, daß Sie sechs Tage lang, verhungert, alleine und in Panik (*scared*), „Exerzitien" gemacht haben. Können Sie das erklären?

S. O. – Es war ganz einfach ein sehr ruhiges und warmes Gefühl. Ich wußte, daß ich nicht alleine war. Es war eine bestürzende, verblüffende Kommunikation [er wiederholt diesen Ausdruck: *amazing connection*]. Vordem hatte ich niemals gespürt, daß jemand mir zuhörte, und da war es offensichtlich. Es ist verblüffend... nach zwei Tagen war es nicht so, als ob ich Stimmen zuhörte, aber ich spürte die Menschen, die für mich beteten, das war sehr erhebend [...].

A. R. – Erzählen Sie uns, was Ihnen am dritten Tag (*sic*) betreffend Medjugorje passiert ist.

[Er antwortet nur über die Kenntnis, die er *vor* seinem heroischen Abenteuer davon hatte:]

S. O. – Ich war ein Monat lang auf dem Stützpunkt von Las Vegas und eine Freundin meiner Mutter lud mich eines Tages ein. Wir hatten ein ausgezeichnetes (*nice*) Gespräch. Ich sollte nach Bosnien fliegen und sie sagte mir, daß sie da sein werde, in Medjugorje. Sie war schon zwei Mal dort gewesen. Sie erzählte mir von der Erfahrung, die sie dort gemacht habe, sie und andere. Ich hörte ihr zu, ging aber dann zu anderem über. Das betraf mich nicht.

A. R. – Haben Sie während Ihrer Mission versucht hinunterzufliegen, um das Dorf [Medjugorje] zu sehen?

S. O. – Nein, ich bin nicht hinuntergeflogen, aber ich bin in dieser Region vorbeigekommen, es gab zu viele Wolken, daß ich hätte sehen können, aber ich wußte, wo es war.

A. R. – Als sie am Boden gelandet waren, am ersten Tag, haben Sie zur Muttergottes von Medjugorje gebetet?

S. O. – Ich habe zu Maria, meiner Mutter, gebetet, am ersten Tag habe ich zu allen Heiligen gebetet, sogar zu meinen Großeltern und meiner Tante. Ich sagte zu ihnen: „Wenn ihr Kontakt zu dem großen Chef da oben habt, helft mir." Aber ja, ich habe auch zu Maria, meiner Mutter, gebetet, und sie ist mir erschienen wie... [hier macht er eine Pause]. Das ist etwas anderes und ich weiß nicht, wie ich ihnen das mit Worten erklären soll. Es war nicht so, als ob ich jemanden gesehen hätte, der im

Wald spazieren geht, aber während ich zur Muttergottes von Medjugorje betete, konnte ich sie sehen. Das war keine Erscheinung, ich kann das nicht erklären. Es war als ob ich sähe, aber ich sah das mit dem Gefühl, ich weiß nicht, wie ich das erklären soll, es war ein Gefühl des Guten und des Friedens, wie ich es niemals zuvor gespürt hatte.

Die ganze Zeit hatte ich eine positive Schau von dem, was real da ist.

A. R. – Eine flüchtige (*glimps*) Schau der Liebe Gottes?

S. O. – Ja, und es war unglaublich.

A. R. – Hat sie das nach Ihrer Rückkehr begleitet?

S. O. – Zehn Tage lang war ich in einem Hoch [...]. Dann war ich mit den Mikrophonen konfrontiert, ich bin von dem Hoch herabgestiegen, ich fühlte mich schuldig und sagte es einem Priester, der mir geantwortet hat: „Fühlen Sie sich nicht schuldig, Er bleibt bei Ihnen, Er spricht jetzt mit jemandem anderen, der das braucht." So fühle ich mich nicht mehr schuldig, ich bin wieder nur Mensch geworden, ein normaler Mensch wie jeder andere.

Letzte Neuigkeiten

Scott O'Grady hat über sein Abenteuer ein Buch mit dem Titel Honorable return (Ehrenvolle Rückkehr) veröffentlicht. Darin erfährt man, daß nach der Zerstörung seiner F 16 seine Rettung die Intervention von 40 Flugzeugen und Hubschraubern erforderlich machte, die Teilnahme von 100 Soldaten und den besten Militärstrategen der NATO. Insbesondere führt er aus:

> *Nach 3 Tagen, während ich mich versteckte und an mein Überleben dachte, habe ich etwas Unglaubliches und Unsagbares erfahren: Regungslos in meinem Versteck, habe ich mich an eine Freundin meiner Mutter erinnert, die erzählte, daß sie in Medjugorje gewesen war, einem kleinen Dorf im Süden des Landes, wo es heute noch täglich Erscheinungen der Muttergottes gibt. An diesem Nachmittag habe ich mich in meinen Gebeten an die Königin des Friedens gewandt.*
>
> *Ich habe sofort ihre Gegenwart gespürt, die immer stärker und fühlbarer wurde, und schließlich habe ich sie gesehen. Das ist mit Worten schwer zu beschreiben. Diese Empfin-*

dung war warm, erfüllt von Freude und Frieden: jemand betete und wachte über mich. Diese Erfahrung hat mir den Mut gegeben, in den schwierigen Momenten durchzuhalten.

Er bestätigt den Herzensschrei seiner Rückkehr:

„Die Muttergottes von Medjugorje hat mich gerettet."

Auf seiten der Kinder

Eine belgische Dame hat im April rund fünfzehn Kinder von 5 bis 12 Jahren nach Medjugorje geführt, die gut auf die Beichte und die Hl. Messe vorbereitet waren. Sie wurden eingeladen, sich Jesus zu schenken und Ihn im Allerheiligsten Sakrament anzubeten. Wieder einmal wurde der Beweis erbracht, wie die Kinder religiös offen, wie frisch und verfügbar sie sind. Ein kleiner Bub von 6 Jahren kommt nach der Anbetung zur belgischen Organisatorin und erklärt ihr:

- Weißt du, während der Anbetung, also da ist Jesus zu mir gekommen! Er hat zu mir gesprochen, er hat mir gesagt: „Mache oft dein Kreuzzeichen und mache es gut." Am Vortag hatte dieser kleine Bub schon eine andere Erfahrung mit Jesus gemacht, dessen Erzählung sich Schwester Emmanuel für ihr nächstes Buch über Medjugorje vorbehält.

Er war ein ängstliches und unruhiges Kind, erläutert sie. In Medjugorje hat er den Frieden gefunden.

Warum will man die geistlichen Antennen der kleinen Kinder nicht kennen? Warum bringt man die Heiligen des dritten Jahrtausends um?

Ein Ungläubiger sieht

Wie dies immer wieder geschieht (schreibt Schwester Emmanuel), haben einige Pilger die Muttergottes gesehen, darunter ein Jugendlicher, der kaum das Vater Unser und das Gegrüßet seist du Maria konnte. Er hat mir folgendes anvertraut:

– Ich kann es kaum fassen, daß mir das widerfahren ist... Ich werde alle Gebete lernen und werde meiner ganzen Familie und meinen Freunden sagen, daß sie beten sollen. Sie alle sind sich nicht bewußt, daß Gott wirklich existiert, so wie ich mir dessen vorher nicht bewußt war (E, 1. September 1995).

Seltene Fälle von gelegentlichen, manchmal winzigen Visionen gibt es in Medjugorje, manchmal bei kleinen Kindern. Denen, die es mir anvertraut haben, habe ich geraten, davon kein Aufsehen zu machen, um das Kind nicht auszuzeichnen und das Geheimnis des Königs zu schützen, umso mehr als diese Phänomene, die schwer überprüfbar sind, nicht als apologetische Argumente betrachtet werden können, sie könnten sogar als Autosuggestion eingestuft werden. Schließlich besteht die Gefahr, daß ihre Verbreitung Wogen der Erleuchtung hervorruft, die in Medjugorje glücklicherweise nie grassiert haben, selbst wenn man hie und da einem Schwärmer begegnen kann, wie es sogar in Lourdes von Anfang an geschehen ist.

2. BEKEHRUNGEN UND BERUFUNGEN

Macht der Fürbitte

Marie-Ange Mathurin-Hervé berichtet in *Nouvelles de Medjugorje*, September 1995, S. 6–7:

Yves ist einer unserer Söhne. Wir hatten ihn im Alter von 9 1/2 Jahren adoptiert. Aus Haiti stammend, wurde er von seinem Vater für Geld verkauft. Als er zu uns kam, war er sehr verwundet. Er hatte keine Schule besucht und wußte nicht, was Zuneigung ist. Seine Anpassung war schwierig, wurde aber noch schwieriger, je größer er wurde. Er ging übermäßig viel in Diskotheken und seine Freunde waren nicht sehr vertrauenserweckend.

Er gab sofort das Geld aus, das er verdiente, log, war ordinär, empfindlich und ließ nicht zu, daß man ihm gegenüber eine Bemerkung machte. Er hatte eine Lehre im Gastgewerbe gemacht und war gescheitert, aber er konnte eine besondere Lehre machen, sodaß er Arbeiter im Gastgewerbe wurde. Er vergaß, zur Arbeit zu gehen, oder kam zu spät.

Er kaufte wild drauflos, einschließlich eines Autos, das er nicht instandhielt, er hatte einen Prozeß nach dem anderen. Er wollte sich unbedingt eine Wohnung nehmen. Wir wollten ihm noch einmal Vertrauen entgegenbringen und hatten eine schöne kleine, billige Garćonniere gefunden und er wollte selbst sein Geld verwalten.

Nach einigen Monaten haben wir erkannt, daß das ein Fiasko war. Er lebte wie ein Obdachloser, er hatte zahllose Schulden gemacht, und wir hatten sozusagen keine Beziehung mehr zu ihm. Sogar seine Schmutzwäsche brachte er nicht mehr!

Mit dieser Last auf dem Herzen bin ich nach Medjugorje gefahren. Zu diesem Zeitpunkt wußten wir noch nicht, in welche Verkommenheit er gefallen war. Die Wallfahrt verläuft gut. Am Sonntag rufe ich Charly (meinen Mann) an. Er teilt mir mit, daß es Yves sehr schlecht gehe, daß unsere anderen Kinder Angst hätten, daß er sich umbringt. Ich bin ganz bestürzt. [...] Nach der Abendmesse bleibe ich beim Heilungsgebet. Ich hatte die Augen geschlossen und die Hände geöffnet. Pater Slavko sagte, wir sollten diejenigen nennen, für die wir beten und ich sagte:

– Herr, ich bitte dich um die Heilung von Yves.

In diesem Augenblick habe ich, mit den Augen des Herzens, Yves als ganz kleines Baby gesehen, das soeben geboren worden war und in meine Hände gelegt wurde. Ich sah ihn deutlich und erkannte, daß es wohl unser Yves war, als prächtiges rundes Baby. Ich sagte zu Gott:

– Herr, wenn du mir so die Geburt von Yves zeigst, so, weil du ihn seit dem Augenblick seiner Geburt heilen willst. Ich bitte dich also für diesen Augenblick, wo Yves aus dem Leib seiner Mutter kam.

Sofort war mein Herz weit offen und ich empfing in mir die Liebe Gottes für Yves. Es war so, als ob ich ihm selbst das Leben geschenkt hätte, denn das war die Liebe jeder Mama für ihren neugeborenen Sohn. Ich zerfloß in Tränen und ich habe die GEWISSHEIT, daß Gott Yves heilen werde. [...] Ich kehre nach Hause zurück. Yves war da. Ich habe ihn mit neuen Augen gesehen. Ich verteilte einige kleine Kreuze an die anderen Kinder und, lächelnd, sagte ich zu Yves:

– Ich nehme an, daß dich das nicht interessiert?

Er antwortet mir:

– Darf ich drei nehmen?

Und er hat auch einen Rosenkranz genommen. Das ist ein erstes „Wunder".

Dennoch waren die folgenden Wochen sehr hart. Nichts hatte sich in seinem Leben geändert. Sein Umgang war zumeist unheilvoll und alles verschlimmerte sich. Aber ich hatte weiterhin Vertrauen und betete weiter *mit* Maria:

– Kümmert euch um meine Anliegen, sagt sie, und ich werde mich um die euren kümmern.

Ich betete also nur mehr für die Anliegen Mariens (die Anliegen des Himmelreiches). Ja, zu seiner Stunde wird Gott einschreiten.

Mit dieser erneuerten Liebe zu Yves, mit dem Frieden, der mir geschenkt worden war, erschütterte mich nichts mehr in der Tiefe. Ein kleines Beispiel: ich mußte mit ihm zu Gericht gehen. Er hatte einen kleinen Zusammenstoß mit seinem Wagen und war geflüchtet.

Er war mein Sohn und ich blieb solidarisch mit dem, was er machte oder lebte. Aber das so zu leben ist eine Gnade von oben. Alleine hätte ich niemals alle diese Situationen annehmen können, durch die wir hindurchgegangen sind, und sie ihm ständig verzeihen können.

Yves hat im November 1994 seine Arbeit verloren. An einem Tag desselben Monats hat ihn ein junges Mädchen zu einem Besinnungswochenende für Jugendliche eingeladen. Da er unbeschäftigt war, hat Yves zugesagt. Und diese Gelegenheit ergriff der Herr, um ihn an Sich zu ziehen und ihn zu heilen.

Mit Worten kann man das nicht erklären, was ich ohne zu zögern als Wunder bezeichne. Wir haben unseren verlorenen Sohn wiedergefunden! Gott ist gekommen zu retten, was verloren war [...].

Am Ende dieses Wochenendes ist Yves in unsere Arme gefallen. Am nächsten Morgen hat er mir gesagt:

Mama, ich bin stolz, Yves zu heißen (er hatte nämlich seinen Namen geändert und Visitkarten auf einen anderen Namen drucken lassen). Und ich bin glücklich, in dieser Familie adoptiert worden zu sein.

Dann hat er mir eine klare Analyse für das Warum seines früheren Verhaltens geliefert und uns in unserer Berufung als Eltern bestätigt. Kurzum eine völlige Veränderung. Danke, danke Herr, aber wird das anhalten?

Nun, heute dauert das noch an und es verstärkt sich nur noch. Yves wollte gefirmt werden und hat seinen Adoptivvater als Paten gewählt (schöne Anerkennung für das, was die wahre Vaterschaft ist!).

Jede Woche besucht Yves die Gebetsgruppe von Clermont, eine Gruppe von 40 Jugendlichen, die von Medjugorje ausgegangen ist, und er hat an der internationalen Tagung der Jugendlichen in Paray-le-Monial teilgenommen. Er hat jetzt eine Gebetsecke in seiner Garćonniere und bedauert, keinen Platz für ein richtiges Oratorium zu haben.

Was erstaunlich ist: seine Intelligenz weitet sich. Wir staunen über sein richtiges Urteil über die wichtigen Werte des Lebens. Er schreibt Lieder (sein 22.), schlägt in Büchern nach, verbringt seine Zeit in Bibliotheken und zieht in Erwägung, eine Erzieherausbildung wieder aufzunehmen.

Er ist wirklich gewachsen! Jetzt ist er derjenige, der unsere anderen Kinder weiter und höher führt. Mit Liebe kümmert er sich um die, die mehr Schwierigkeiten haben, und wird ein guter Ratgeber in Sachen Erziehung. Er ist noch etwas empfindlich, aber jetzt kann man darüber sprechen und er kann Vernunft annehmen. Er ist heiter geworden und sein Gesicht strahlend. [...] Wenn wir so unsere Kinder, unsere Freunde, unsere Bekannten und vor allem unsere Feinde im Gebet tragen, und wenn wir sie immerzu den Händen der Unbefleckten übergeben, wird Gott sie zu seiner Zeit (und manchmal im letzten Augenblick eines Lebens) heilen und an Sich ziehen (gezeichnet: Marie-Ange Mathurin-Hervé. Zeugnis veröffentlicht in *Nouvelles de Medjugorje*, September 1995, S. 6–7).

Bekehrung einer Familie

In *Nouvelles de Medjugorje* (Archennes, Belgien) beschreiben Jacques und Ute Costermans die Bekehrung einer ganzen Familie. Für die Eltern handelt es sich um diese „zweite Bekehrung“, die von einer mehr oder weniger ernstzunehmenden soziologischen Einrichtung zum Wehen des Heiligen Geistes hinführt: „eine brennende Liebe, wodurch die anderen die Liebe Gottes durch mich erkennen können“, sagt eines der Mitglieder dieser Familie. Medjugorje hat bei ihm ein „Bewußtwerden der Beweggründe für ein Gebetsleben“ ausgelöst, „denn es ist nur die Nähe zu Gott, die diese brennende Liebe in uns einströmen lassen kann“ (NM, April 1996, S. 5).

Beim dritten Kind der Familie handelt es sich wirklich um eine Bekehrung:

Ich war 18 Jahre alt und wollte leben wie alle anderen. Das war eine echte Prüfung hinsichtlich meines Glaubens aber auch gegenüber meiner Familie, die mich nicht verstand.

Ich habe eine Journalistenlaufbahn begonnen, ich liebte meine Arbeit, ich hatte viele Freunde und alles, um glücklich zu sein. Einziger Schatten in diesem Bild, vor dem ich zu flüchten versuchte und den ich ersticken wollte: mein Leben stand im Widerspruch zu dem, wonach ich in meinem tiefsten Inneren zu leben dürstete: dem Evangelium. Eines Tages spürte ich, daß ich diese [Liebes-]Beziehung (auf die sie nicht näher eingeht) nicht fortsetzen sollte. Mich von dieser Liebe losreißen war eine schwierige Sache, aber ich sollte es tun [...].

Ich machte eine erschütternde Erfahrung, die mein ganzes Leben verändert hat. Ich sah Jesus. Er war da, vor mir auf den Knien. Er blickte mich mit einem Blick unendlicher Liebe an und sagte zu mir: „Ich wartete auf dich". Darüber war ich bestürzt, umgedreht wie eine Palatschinke. Mein Herz hat sich um 180° gedreht [das ist genau das Bild des Wortes Bekehrung, im Deutschen wie im Griechischen, *metanoia*] [...] Selbstverständlich habe ich Christus nicht so gesehen, wie ich jemanden aus Fleisch und Blut vor mir sehe. Ich nahm seine Gegenwart auf einer spirituellen Ebene wahr. [...]

Nach dieser starken Erfahrung bin ich mit meiner Familie nach Medjugorje gepilgert. Am Ort nichts Besonderes. Hingegen erwartete mich Maria bei meiner Rückkehr „zu Hause". Sie war da, anwesend, und war dabei, alles zu reinigen und ihrem Sohn seine schöne Wohnung zu bereiten.

Zunächst hat mich das gestört (wer bin ich, daß man mir auf diese Weise behilflich ist?). Dann konnte ich ihr dafür nur mehr danken. Ich habe also den Rosenkranz gebetet und ein Gebetsleben begonnen. Da hat Maria immer mehr die Dinge in die Hand genommen. Sie hat mich auf einen Weg der radikalen Umkehr geführt.

Schließlich hat sie alle meine Wünsche verwandelt: zum Beispiel statt auszugehen und mich zu unterhalten, blieb ich zu Hause, die Bibel in der Hand. Zu dieser Zeit kam auch mein

Wunsch auf, jeden Tag in die Messe zu gehen. Aber weil ich Angst hatte, daß man mich für eine künftige Klosterschwester hält, die ich dann auch geworden bin, wechselte ich jeden Tag die Kirche und hopp! unbekannt!

Nach und nach konnte ich mich mit einem Leben wie alle anderen nicht mehr zufrieden geben, ich wollte ALLES! Ich wollte alles für Jesus sein und ich wollte für den Rest meines Lebens von seiner Liebe leben. So bin ich Ordensfrau geworden.

Anfangs hatte ich gewisse Ängste: Wie sollte ich mich von einer Arbeit loslösen, die ich liebte? Wie sollte ich auf die Menschen verzichten, die ich liebte? Wie, zum Beispiel, meine Sexualität leben? Heute weiß ich es: Alles das ist nichts im Vergleich zum Herrn. Alles, was ich verlassen habe, alle Vergnügen, die die Welt anbietet, sind wenig im Vergleich zu dem, was ich vom Herrn bekomme, der sich schenkt und schenkt... Gott genügt mir! Jedem von uns sagt Er:

– Ich bleibe in dir, so wie du in Mir bleibst.

Was mich betrifft, so wird mein Leben nicht ausreichen, um das zu leben.

Vom Atheismus zur religiösen Berufung

Obwohl ich in einer katholischen Familie geboren wurde, entfernte ich mich seit der Kindheit immer mehr von Gott und der heiligen Kirche. Ich ging nicht mehr beichten, betete nicht mehr. So hat ein langer Widerstand begonnen, in dem ich meine sogenannte Freiheit und Autonomie suchte. Die gute Ordnung war mir nicht mehr wichtig, ich folgte keiner Regel mehr, weil mich das zur Sklavin gemacht hätte. Der Freiheit wegen glaubte ich das Recht zu haben, jede Erfahrung machen zu dürfen, alles zu nehmen, was das Leben bietet. Alles war erlaubt: das süße Leben der Sünde, der Alkohol, Haschisch, Ladendiebstähle, atheistische oder anarchistische Lektüren, Trunkenheit, Nachtlokale, Rock-Konzerte.

Für mich war Gott eine Erfindung, die in verzweifelten Lebenssituationen wächst und sich von ihnen nährt. Die Mehrzahl der Leute schien mir naiv im Irrtum oder in einem allgemeinen Zynismus zu leben, und ich bemerkte nicht, daß ich eine dieser Personen war. Alles verursachte in mir Übelkeit. Ich kritisierte alles und interessierte mich für nichts und niemanden. Ich tat jedem weh, der mir nicht zusagte. Obwohl ich alles hatte, was ich mir wünschte: das Nachtleben, den Alkohol, die Drogen, die Unterhaltungen und die Abenteuer mit verschiedenen Burschen, fühlte ich mich in meinem Inneren leer. Und ich hungerte nach Liebe. Erst heute weiß ich, daß ich die Liebe, die ich suchte, nicht in der Welt finden konnte, sondern nur in Gott. Zu dieser Zeit fühlte ich mich frei, vollkommen frei, aber ich hatte keinen Frieden in meinem Herzen.

1985 hörte mein Vater zufällig von Medjugorje und in diesem Jahr ging er auf Wallfahrt. Er kam sehr begeistert von der Erfahrung zurück, die er gemacht hatte. Ein Jahr später fuhren alle Familienmitglieder wieder nach Medjugorje. Nur ich war nicht dabei. Sie erzählten mir alles. Manchmal weigerte ich mich scharf, ihren Berichten über die Erscheinungen der Muttergottes zuzuhören.

Am Freitag nach dem Palmsonntag begab sich meine Mutter mit dem kleinsten meiner Brüder und einem Cousin auf Wallfahrt zur Muttergottes von Medjugorje. Obwohl ich Ferien hatte, weigerte ich mich weiterhin mit ihnen zu fahren. Ich hatte einfach Angst, daß ich, wenn ich dorthin fahre, etwas verliere, was ich absolut nicht verlieren wollte. Kaum war meine Mutter weg, wurde ich von einer großen Unruhe erfaßt, ich war traurig, nicht ebenfalls hingefahren zu sein.

Am Abend des nächsten Tages saß ich im Zug, der mich nach Süden führte, begleitet vom Gebet meines Vaters und meiner Mutter.

Nach einer 30-stündigen Fahrt komme ich am Sonntag nach der Abendmesse in Medjugorje an. Ich war auf mich selbst böse, weil ich dort war, wo ich nicht sein wollte. Während ich die Familie suchte, die meiner Mutter Unterkunft gab, begegne ich einem jungen Priester, der mich im Auto zu ihr begleitet. Er fragt mich, warum ich gekommen sei. Auf seine Frage hin habe ich mich entspannt und habe geantwortet:

– Ich weiß selbst nicht, warum ich da bin! Die Marienerscheinungen interessieren mich nicht und ich glaube nicht an Gott.

Da sagte er mir lachend:

– Ich freue mich, daß du da bist. Überlassen wir also das Übrige der Muttergottes.

Ich muß gestehen, daß ich überrascht und sehr erstaunt war.

Als meine Mutter mich sah, schien sie aus allen Wolken zu fallen, denn sie war unendlich weit davon entfernt, zu erwarten, mich hier zu sehen. Die ersten Tage in Medjugorje waren furchtbar. Alleine ging ich auf die Berge und dachte nach. Ist es nicht ein Wunder, daß diese Menschen, eingetaucht in diese schöne Natur, geglaubt haben, daß all das von Gott geschaffen worden ist? Am Abend wußte ich nicht, was ich tun sollte, ich ging zur Kirche, aber für mich war das eine große Mühe.

Am Gründonnerstag bat mich meine Mutter, nach der Messe in die Kapelle der Kirche zu gehen, die sich rechts vom Altar befindet. Dort betet man Jesus im Allerheiligsten an. Ich wollte nicht allein nach Hause zurückkehren, also begab ich mich in diese Kapelle. Um nichts in der Welt hätte ich mich niedergekniet, aber eine höhere Macht ließ mich auf den Steinplatten zu Boden fallen. Auch heute noch fällt es mir schwer, in Worten zu beschreiben, was mit mir geschah.

Eine Gruppe deutscher Pilger war da und sang mit Pater Slavko das Sanctus von Schubert und ich habe geglaubt! Ich kann das auf keine andere Art beschreiben. In mir folgten glückliche Momente aufeinander, ich glaube, Gott existiert, er ist Mensch geworden, er ist Brot geworden. Auf besondere Weise fühlte ich, daß er in der Hostie gegenwärtig ist; ich mußte vor Freude weinen. In den folgenden Tagen habe ich viel geweint, aber gleichzeitig die barmherzige Liebe Gottes erfahren. Am Karsamstag bin ich beichten gegangen und ich habe Ostern gefeiert. Auch ich war von den Toten auferstanden.

Nach Ostern bin ich noch zwei Wochen in Medjugorje geblieben. Erst da konnte ich mich den Erscheinungen öffnen und dem, was Maria mir sagen wollte. Ich fühlte auf tiefe Weise, daß sie meine Mutter ist. Sie hat mich bei der Hand genommen und mit ihrem Lächeln bleibt sie mir nahe.

Gegen Ostern 1988 war ich zum vierten Mal in Medjugorje. Mein Leben hat sich vollkommen geändert, entgegen allem, was ich hätte denken können. Ich habe aufgehört zu rauchen, zu trinken und Rock-Musik anzuhören, ich bin glücklich. Die Heilige Messe ist der Höhepunkt meines Tages, das Wichtigste des Alltags. Sie macht mich glücklich. Der König aller Könige kommt in der heiligen Kommunion in mein Herz, denn er will mir Gutes tun und durch mich will er allen anderen, denen ich begegne, Gutes tun. Ich bin sicher, daß mich Gott, durch Maria, von nun an führen wird (Quelle: Petar Ljubičič, *L'Invito della Regina della Pace*, MT 62, S. 10–11, der angibt, daß Christine sich jetzt in Italien in einer Gemeinschaft befindet, denn sie hat ihr Leben in den Dienst Jesu durch Maria ausgerichtet, sie lebt die Botschaften der Königin des Friedens. Sie hat ihr eigenes Leben Gott geweiht und tut Buße für die Bekehrung der verhärteten Sünder).

Bekehrung eines Australiers: Antony Brunside

Antony Brunside, gebürtig aus einer ländlichen Gegend Australiens, Mitglied der Kadetten der berittenen Polizei, Inhaber eines Diploms der Universität Melbourne, war nach Europa gekommen, um hier die Spuren seiner Vorfahren wiederzufinden. Er hört von Medjugorje, beschließt einen Umweg dorthin zu machen, und vier Jahre später ist er in Zagreb auf dem Weg zum Priestertum. Hier hat ihn Marijan Gubić bei der Einweihung des Franziskanerklosters befragt.

Frage. – Medjugorje hat also ihr Leben vollkommen erschüttert?

Brunside. – Ich wollte in der Tat nur ein oder zwei Tage als Neugieriger in Medjugorje verbringen. Aber als ich dort war, entdeckte ich plötzlich, daß Gott wirklich existiert! Es war eine einzigartige und unvergeßliche Erfahrung. Auf einmal verstand ich, daß es wirklich unser Herr war, der im Evangelium sprach, daß sein Wort an mich gerichtet war, hier und jetzt; daß das Evangelium kein toter Buchstabe ist, sondern das vollbringt, was es verkündet. Erschüttert beschoß ich da, mein ganzes Leben zu ändern. Ich wollte es dem Evangelium angleichen und es Christus weihen. Ich blieb drei Wochen in Medjugorje und fragte Gott, was er von mir erwartete. Da lud mich ein italienischer Priester ein, einige Zeit in einer jungen Gemeinschaft von 16 Personen zu verbringen. Dort begegnete ich Pater Slavko Barbarić, Pater Pavić, einigen jungen Kroaten und Milona von Habsburg. Auf Anraten der Gemeinschaft kehrte ich zu meiner Familie nach Australien zurück, um über all das mit meinen überglücklichen Eltern zu sprechen. Dann kam ich nach Medjugorje zurück.

Ich hatte nicht nur eine tiefe Bekehrung auf der religiösen Ebene erfahren, was schon beträchtlich ist, sondern zudem war ich wirklich angerührt von der Mentalität und der Lebensweise der Kroaten, die mich ungemein anzogen: die Einfachheit ihres Lebens, ihre Autonomie, und vor allem der riesige Platz, den bei ihnen die Großfamilie einnimmt: Großeltern, Onkel und Tanten, Cousins usw. Alles geschieht in der Familie: Arbeit, Gebet, Erholung... Für mich ist das ein Wert des Evangeliums, den man wiederfinden und pflegen muß, der nicht wenige Probleme vermeidet, die durch die Einsamkeit unserer unmenschlichen Lebensweisen geschaffen werden.

Außerdem ist bei ihnen die Kirche das Zentrum jeder Dorfgemeinschaft. Alles geschieht mit der Kirche. Ihre Familienfeste sind vor allem religiöse Feste. Insbesondere feiert man dabei nicht so sehr die Geburtstage als das Fest des heiligen Namenspatrons.

So wie sie habe ich verstanden, daß auch ich den Willen hatte, daß die Kirche im Mittelpunkt meines Lebens steht. Ich wollte gemeinsam mit den Menschen leben, die dieselbe Inbrunst für die Eucharistie haben, die in der kroatischen Kirche so wichtig ist. [...] So entschloß ich mich, franziskanischer Priester zu werden. Ich war überzeugt, daß dies der Wille Gottes für mich, für mein Leben war. Nach einem Aufenthalt in einem Kloster Dalmatiens wurde ich eingeladen, Mitglied der franziskanischen Provinz der Herzegowina zu werden.

F. – Was halten Sie von der Mentalität der Kroaten der Herzegowina?

B. – Zunächst haben sie diese Verbundenheit mit der Kirche, die ganz typisch ist. Dann ist da dieses ländliche Leben einer Bevölkerung, die versucht, selbstgenügsam zu sein. Das ist eine Welt, die weit weniger materialistisch ist als die, die wir gewohnt sind.

In der Geschichte des Volkes der Herzegowina gab es im 16. Jahrhundert eine wichtige Wende. Dank ihres Glaubens und ihrer Beharrlichkeit leisteten sie den Türken, die ganz Osteuropa überfallen wollten, Widerstand. Sie waren eines der Bollwerke

Europas. Sicherlich hat dieses Volk, das 300 Jahre unter fremder Unterdrückung lebte, keine architektonischen Schätze entwickelt oder große Universitäten, die damals den Ruhm Westeuropas ausmachten (außer in einigen Orten wie Split und Dubrovnik). Aber dieses Leben in der ständigen Defensive hat ihnen eine große Liebe zum Land ihrer Vorfahren geschenkt, sie sind sehr mit ihrer künstlerischen und musikalischen Kultur verbunden und vermitteln sie gerne.

F. – Wie sehen Sie den Konflikt mit den serbischen Extremisten?

B. – Zunächst muß man wissen, daß für die Kroaten, das ehemalige Jugoslawien nur ein Gedankengebäude war. Die Wirklichkeit war die serbische kommunistische Herrschaft. 80 % der Führungskräfte: Offiziere und führende Politiker waren Serben. Die Kroaten wünschten zumindest eine Art Konföderation, in der ihre Rechte besser respektiert worden wären. Die Serben wollten davon nichts wissen, weil das die Gleichheit der Rechte gebracht hätte.

Die Kroaten haben so gehandelt, wie es jede andere westliche Nation getan hätte. Sie haben sich von den Serben auf der Grundlage demokratischer Wahlen getrennt. Sie waren s e h r enttäuscht, keine Hilfe von den westlichen Staaten bekommen zu haben.

Hingegen hat Herr Tudjman in Zagreb erklärt, daß 70 % der humanitären Hilfe aus dem Westen von den Freunden von Medjugorje gekommen ist. Es ist dies das Zeichen einer großen christlichen Fraternität. Viele Journalisten in meinem Land hatten davon keine Kenntnis: was sie veranlaßte, viele unrichtige Dinge zu schreiben.

F. – Wie sehen Sie Ihre Zukunft in der Herzegowina?

B. – Dieses Volk, das so viel gelitten hat, hat mich wunderbar empfangen. Überall wo ich hinkomme, werde ich wie ein Sohn der Familie empfangen. Meine australische Familie empfindet das auf dieselbe Weise. Meine Eltern sind sehr aktiv in Medjugorje. Erst kürzlich haben sie die Rundreise Pater Jozo Zovkos durch Australien organisiert. Mit großer Freude sehen wir uns in Medjugorje wieder.

Ja, heute bin ich Mitglied der franziskanischen Provinz der Herzegowina und ich empfinde mich der „kroatischen Familie" zugehörig. Einzige Schwierigkeit: die Sprache, aber trotz dieser Schwierigkeit fühle ich mich doch zu Hause.

Meine Zukunft in der Herzegowina? Nun, ich versuche hier das Evangelium zu leben, wie der heilige Matthäus sagt, indem ich mich nicht um das Essen und die Kleidung sorge. Zur Zeit habe ich keine „grandiosen" Projekte, ich kehre bald wieder nach Zagreb zurück, um Philosophie und Theologie zu studieren. Wenn Gott es will, werde ich mein ganzes Leben als Priester dort bleiben. Ich lasse mich also von Ihm Tag für Tag führen. Aber meine Hoffnung ist es, daß sich meine Zukunft als Priester in Kroatien und in der Herzegowina verwirklicht.

Berufung von Georg Mayr Melnhof, aus Wien. Ein vielversprechender Aristokrat tritt ins Priesterseminar ein (10. November 1995)

In den österreichischen Wirtschaftszeitungen sorgte der Schritt von Georg Mayr Melnhof für Aufsehen. Der 27-jährige Sohn einer berühmten Wiener Adelsfamilie entschied sich gegen ein etwa eine Miliarde schweres Erbe und für den Eintritt ins Priesterseminar. Seine Berufung bekam er in Medjugorje. Er gab der Gebetsaktion folgende Antworten:

Georg. – Ich bin 27 Jahre alt, in Salzburg als neuntes von zehn Kindern geboren. Nach der Matura bei den Herz-Jesu-Missionaren habe ich in Wien Betriebswirtschaft studiert, letztes Jahr mein Studium beendet und bin nach Salzburg zurückgegangen. Am 1. Jänner 1995 habe ich bei uns zu Hause den Betrieb übernommen. Heuer im Sommer ist dann die Entscheidung gefallen, daß dieser weltliche Weg doch nicht meine Berufung war und ich bin am 15. September 1995 ins Priesterseminar eingetreten und habe jetzt mit dem Theologiestudium begonnen.

Frage. – Wann und wo haben Sie das erste Mal von Medjugorje gehört?

G. – Das erste Mal habe ich 1982 von Medjugorje gehört, das war ein Jahr nach der ersten Erscheinung, zunächst über meine Tante, und dann auch über eine meiner älteren Schwestern, die im Jahr 1982 das erste Mal dort war. Und 1983 im November war ich das erste Mal mit einer kleinen Gruppe von Bekannten und zum Teil Familienangehörigen in Medjugorje.

Es sind dann noch einige Jahre vergangen, ich war bereits drei, vier Mal in Medjugorje, aber erst im Jahre 1987 erfolgte meine Bekehrung, das war diese ganz große Erfahrung von Medjugorje.

Ich muß vielleicht ganz kurz bemerken, daß ich nach der Matura für vier Monate im Krankenhaus war, weil ich einen schweren Bandscheibenvorfall hatte. In dieser Zeit habe ich mich ganz intensiv mit dem Glauben, mit Gott und damit auch mit Medjugorje auseinandergesetzt. Das war eine Auseinandersetzung mit der Botschaft von Medjugorje, mit der Frage, ist das, was dort geschieht, überhaupt wahr? Erscheint Maria tatsächlich? In dieser Zeit habe ich massiv unter Komplexen gelitten, eine wahnsinnige Menschenfurcht gehabt und mich nicht unter die Leute getraut. Dennoch habe ich dann versprochen, daß ich im Jahr 1987 zu Ostern eine Jugendgruppe nach Medjugorje begleiten werde. Das war mein erster Jugendbus, mit dem ich als Organisator gefahren bin und das war für mich wie ein Sprung ins kalte Wasser. Denn, daß ich eine Gruppe von 50 Personen leiten sollte, schien mir zu diesem Zeitpunkt unmöglich. Und da war dann diese erste große und wichtige Erfahrung für mich, wo ich Medjugorje ganz intensiv erlebt habe, ich habe dort auch eine ganz intensive Gotteserfahrung gehabt, und da begann auch ein neues Leben für mich.

F. – Haben Sie das Gefühl, daß Sie die Muttergottes selbst zu diesem Beruf bewegt hat?

G. – Die Berufung habe ich in Medjugorje am 6. September 1989 bekommen. Ich kann das deswegen so genau sagen, weil ich an diesem Tag in der Früh in der Bibel gelesen hatte und an eine Stelle geriet, die mich ganz tief in mein Herz getroffen hat: „Es kann keiner von euch mein Jünger sein, wenn er nicht auf seinen ganzen Besitz verzichtet.“ (Lk 14, 33)

Dann ging ich in die deutsche Messe und während dieser Messe hatte ich ein ganz intensives Erlebnis, wo eine Stimme sagte, ich möge diesem Ruf folgen und wirklich alles loslassen.

Ich wollte dann ja auch. Zu Hause angekommen, habe ich meiner Mutter meinen Wunsch, Priester zu werden, mitgeteilt.

Meine Mutter hat gesagt: Beten wir ein Jahr dafür – und in diesem Jahr hat sich diese Berufung verschüttet. Ich habe dann einfach sechs Jahre mein anderes Leben weitergelebt und Wirtschaft studiert. Ich bereue es heute nicht, daß ich das getan habe.

Und heuer im Juli habe ich erkannt: Es war damals im Jahr 1989 wirklich die Berufung, eine Berufung, die ich in Medjugorje bekommen habe. Ich würde sagen, letztendlich ist Maria daran schuld.

F. – Wie hat Ihre Familie den Entschluß, Priester zu werden, aufgenommen? Sie hatten doch fertigstudiert und den elterlichen Betrieb schon übernommen?

G. – Wie das so oft bei den Müttern ist, die Mütter spüren immer sehr viel mehr. Und so war das auch bei meiner Mutter. Ich glaube, sie hat das lange gespürt, daß bei mir dieser Ruf und diese Berufung da ist und als ich letztes Jahr entschieden habe, diesen Betrieb zu übernehmen, da hat sie sich einen Moment lang gewundert. Das hat sie mir jetzt im Nachhinein gestanden.

Sie hat gedacht: Ist das wirklich sein Weg? Aber als Mutter schweigend und im Gebet begleitend hat sie das hingenommen.

Als ich dann mit dieser Entscheidung gekommen bin, war von ihrer Seite die erste Bestätigung. Sie hat das immer gespürt und immer gewußt.

Bei den Vätern ist das anders: Die leben mehr in der Welt und darum war es für meinen Vater sehr schwer, meine Entscheidung gutzuheißen. Vor allem deswegen, weil ich der einzige von den Buben war, der studiert hat und dem er deswegen auch einen größeren Teil des Betriebes übergeben wollte. Aber ich spüre jetzt nach einigen Monaten, daß er einfach mehr und mehr den Segen erfährt und auch sieht, daß dies mein Weg ist. Und er wünscht sich nichts sehnlicher, als daß seine Kinder den Weg gehen, der sie völlig erfüllt und auf dem sie glücklich werden.

F. – Jetzt sind Sie im Priesterseminar. Wie ist das mit den Botschaften von Medjugorje? Können Sie diese Botschaft oder überhaupt Ihre Einstellung zu Maria unter den Seminaristen weitergeben?

G. – Ich muß sagen, sehr gut! Und zwar deswegen, weil ich sehr begeistert bin von der Atmosphäre des Seminars in Salzburg. Es ist bei uns im Seminar so, daß die Studenten Medjugorje zum Teil sehr positiv kennen. Für uns ist der Rosenkranz eine Selbstverständlichkeit und auch die Eucharistische Anbetung. Wir versuchen, die Botschaften Mariens zu leben! Es ist nicht so, daß ich Medjugorje dort verteidigen müßte! Wir fahren zum Beispiel heuer zu Silvester nach Medjugorje und für mich war es überhaupt kein Problem, es im Seminar anzuschlagen und auch die Seminaristen zur Pilgerreise einzuladen.

F. – Finden Sie, daß marianische Priester für die heutige Welt sehr wichtig sind?

G. – Maria sagt: Die Priester sind meine vielgeliebten Söhne. Ich habe das am Anfang nie verstanden, daß Maria in Medjugorje auch so sehr zum Gebet für die Priester aufruft. Ich verstehe es jetzt immer mehr. Die Priester werden in der heutigen Zeit stark angegriffen, der Pfarrer von Ars sagt: Wenn man eure Religion kaputtmachen will, dann muß man den Priester angreifen, den Priester kaputtmachen.

Sehr viele Priester haben einfach mit Maria ganz große Probleme, aber ich denke für mich, was ist ein Priester ohne Maria, wie kann ein Priester wirklich Priester sein, ohne eine tiefe Beziehung zur Muttergottes. Auch, daß ich mich für ein zölibatäres Leben entscheide, glaube ich, wird mir in einer Liebesbeziehung zu Maria und in einer tiefen Beziehung zu Maria viel einfacher fallen. Ich denke, es ist für einen Priester unwahrscheinlich wichtig, eine tiefe Beziehung zur Muttergottes zu haben, ob er jetzt in einer marianischen Bewegung ist oder nicht, das ist sicherlich nicht so wichtig.

F. – Wie sehen Sie die Zukunft der Kirche?

G. – Ich habe große Hoffnung. Einfach deswegen, weil ich glaube, daß es wichtig ist, daß wir unseren Blick auf das Positive und auf das Große richten. Das heißt nicht, daß wir jetzt blind sind für die Probleme unserer Tage. Aber wenn ich zurückschaue in die Kirchengeschichte, dann waren es immer die schwierigen Tage, und gewiß ist es bei uns in Österreich, in Deutschland, in Mitteleuropa, heute schwierig für die Kirche, welche Tage der größten Gnade und des größsten Heils waren.

Und das erfahren wir, wenn wir die Augen aufmachen für das Gute. Wir können erkennen, daß der Herr in diesen Tagen eingreift, wie selten zuvor, sei es durch Medjugorje, sei es durch die gesamten Erneuerungsbewegungen. Allein was in Frankreich an jungen Gemeinschaften entsteht, das ist eine Freude, und darum habe ich wirklich große Hoffnung für die Kirche von Morgen, denn diese Kirche ist auf Felsen gebaut und dieses Wort Jesu steht für alle Zeiten.

Ich denke, wir müssen aufpassen, daß wir nicht unser ganzes Leben nur mit Sorgen zubringen. Der Herr sagt: Sorgt euch nicht, und das betrifft auch die Kirche. Es gibt so viel zu tun und es gibt so viel Schönes in der Kirche, und es ist wirklich schade um jeden Tag, wo wir nur auf den Schmerz und das Negative schauen.

Wir sollten Tag und Nacht nur von den Wundern reden, die heute in der Kirche passieren, die sind größer als je zuvor! (Quelle: *GA* Nr. 39, 4. Quartal 1995, S. 27–30).

Von den Computern zum Priestertum

Am 18. Juni feierte Peter Dugandzić seine erste Messe in Medjugorje. Er gibt Zeugnis:

Ich bin in Long Island (New York) geboren. Dort bin ich aufgewachsen. Aber meine Familie stammt aus Medjugorje. Ich arbeitete in der Computerbranche, dann im menschlichen Bereich, als Psychologe... aber von nun an als Priester.

Bevor ich 1986 nach Medjugorje kam, war ich glücklich bei meiner Arbeit, ich verdiente viel Geld, ich reiste durch ganz Amerika, aber ich dachte nicht an Gott. Eines Tages erzählte mir meine Tante, daß in Medjugorje sechs Kinder die Gospa sehen.

– Sie mögen gut auf sie aufpassen, antwortete ich.

Meine Tante ist nach Medjugorje gefahren... und ich mit ihr. Hier tauchte etwas in mir auf, was ich nicht verstand. Bis zu dem Moment, wo ich an der eucharistischen Feier teilnahm. Da begann ich zu beten: was ich niemals zuvor getan hatte, ich dachte lange nach, und nach und nach taucht in mir der Wunsch auf, Priester zu werden.

Nun bin ich hierher zurückgekommen, um meine erste Messe zu feiern in Dankbarkeit Gott gegenüber und denen, die mir geholfen haben.

Von der Architektur zum Altar

Carlos Elias, aus Barcelona, am 20. Juli auf Wallfahrt in Medjugorje hat erklärt:

1990 bin ich nach Medjugorje gekommen, um an Einkehrtagen mit Pater Jozo teilzunehmen, und ich war so betroffen, daß ich am Ende beschloß, meinen Beruf als Architekt aufzugeben und ins Priesterseminar einzutreten. Vor kurzem, am 25. Juni 1995, dem Jahrestag der Erscheinungen, bin ich zum Priester geweiht worden und ich bin hierher gekommen, um Maria zu danken.

Und ich bin für die Pfarre Unsere liebe Frau des Friedens in Barcelona vorgesehen.

3. FIORETTI

Die unauffindbare Braut

Ein junger Deutscher suchte vergeblich eine Ehefrau, die seinem Geschmack und seinem Ideal entspricht, auch seinem religiösen Ideal, um „ihm in seinem geistlichen Leben zu helfen"... bis in die Diskotheken. Schließlich wandte er sich vertauensvoll an Maria:

In der Einsamkeit und bei meinen Zweifeln über meine Fähigkeit, richtig zu wählen und mich anpassen zu können, und aus meiner tiefen Not drang ein Schrei zum Himmel und zu Maria:

– Bitte für mich um eine Ehefrau!

Ich vertraute Gott meine Zukunft an.

Ich verbrachte zunächst zwei Urlaubswochen in einem Kloster, um dort die innere Loslösung zu üben. Aber das war ein Mißerfolg. Ein wenig später erkundige ich mich zufällig über eine Reise nach Medjugorje für Jugendliche. Ohne zu zögern fahre ich dorthin. Während der ganzen Reise gelingt es mir nicht, irgendein interessantes Gespräch mit meiner Nachbarin zu beginnen, und füge mich darein, eine einsame Reise zu unternehmen.

– Ich werde zumindest andere Gnaden bekommen, wenn Gott mir die verweigert, die mir am Herzen liegt, sagte ich mir.

Während einer Nachtfahrt steigen wir bei einem Gasthof aus, um eine Stunde lang Pause zu machen. Aber ich komme sofort wieder zum Autobus zurück und befinde mich bei einem anderen Mädchen, das zu schlafen versucht. Da beginnt ein wirklich interessantes Gespräch, das zwei Stunden dauert. In Medjugorje verbringen wir soviel Zeit als möglich zusammen und am 31. Dezember 1994, vor der Marienstatue, außerhalb der Kirche, auf dem Vorplatz, haben wir beschlossen, unsere Leben zu verbinden.

Jetzt, im eigenen Land zurück und trotz der 550 Kilometer, die uns trennen, während der Wochenende, hat unsere Beziehung schon eine bemerkenswerte Tiefe erreicht. Das liegt nur daran, daß der Herr uns bereits füreinander vorbereitet hatte. Es ist wirklich erstaunlich, wie unsere Lebenslage und unsere Wünsche übereingestimmt und sich gegenseitig ergänzt haben.

Erst jetzt habe ich erfahren, daß auch sie auf der Suche war, um ihre Berufung zu verstehen und gelobt hatte, ein Jahr lang keinen Burschen zu suchen. Und dieses Jahr war genau am 31. Dezember zu Ende. So haben wir unser erstes Jahr eines gemeinsamen Weges begonnen, indem wir die Hl. Kommunion empfangen und unsere Beziehung in die Hände Gottes gelegt haben. Sogar ihre Teilnahme an dieser Reise war rein zufällig, denn jemand hatte sie ihr im letzten Augenblick gezahlt. (*Écho*, 121, 7b).

Versöhnte Geschiedene

Schwester Emmanuel erzählt (leider ohne den Familiennamen anzugeben):

Eine Italienerin kommt mit einer Gruppe nach Medjugorje. Sie ist geschieden und hat ihren Mann seit 20 Jahren nicht mehr gesehen. Der Ex-Gatte, in völliger Unkenntnis, macht auch die Wallfahrt und kommt mit einer anderen Gruppe. Die beiden Gruppen steigen am selben Tag auf den Križevac und zwar bis zum Gipfel. Da stehen die beiden Geschiedenen am Fuße des Kreuzes einander gegenüber. Welch ein Schock! Sie beten gemeinsam... und beschließen, das gemeinsame Leben wieder aufzunehmen. Ihre Freude ist ansteckend. Das ganze Dorf spricht von diesem neuerlichen Sieg des Herzens Mariens.

Ein amerikanischer Physiker von Medjugorje bezaubert

Jim Doyle hat während seines letzten Besuchs in Kroatien, Anfang 1995, erklärt:

– Ich bin sechs Mal nach Medjugorje gefahren. Ich bin verliebt in Unsere liebe Frau von Medjugorje, aber auch in das kroatische Volk und ich habe mich verpflichtet gefühlt, in dem Sog der Liebe Mariens für dieses Volk, etwas für sie zu tun. Heute bin ich hier, um Kroatien meine neue Erfindung zu schenken: das technische Ohr, das den Taubstummen die Möglichkeit gibt, zu hören.

So hat er seine Erfindung den Ärzten und Wissenschaftlern von Zagreb präsentiert:

– Ich danke Ihnen, sowie Pater Jozo, weil es all das nicht gäbe, wenn es nicht Medjugorje gäbe, hat der Vize-Präsident der Akademie von Zagreb geschlossen. (*Écho*, 120, 6c).

Die Frömmigkeit eines Torero

Manuel Capetullo de Florès, der Ende Juli 1995 nach Medjugorje gekommen ist, hat erklärt:

– Ich bin 38 Jahre alt, Torero von der Familie her. Die Geschichten der Stiere und die Kämpfe meines Vaters in der Corrida haben meine Kindheit erfüllt. 1981 wurde ich zum Torero ernannt. Ich habe 400 Corridas auf dem Rücken, aber jetzt bin ich ein Torero, der sein Leben geändert hat.

– Warum sind Sie nach Medjugorje gekommen?

– Ich habe in Mexiko von den Erscheinungen gehört. Ich bin zweimal gekommen. Im vorigen Jahr habe ich tiefe Augenblicke auf dem Erscheinungsberg erlebt: während einer sehr kalten Nacht ist ein großer Friede über mein Herz gekommen und ich habe gebetet wie nie zuvor. Und Gott hat, durch Maria, mein Herz vollkommen geöffnet. Ich bin in der ganzen Welt bekannt und in Zukunft möchte ich überall ein Apostel der Friedensbotschaft der Gospa sein. Schließlich habe ich Medjugorje empfunden wie ein großes Stadion, wo Gott durch Maria gegen das Böse in uns und außerhalb von uns kämpft, um uns mit seiner Liebe und seiner Freude zu erfüllen.

Ministerin Lilija Vokić und die Gospa

Frau Lilija Vokić war mehrere Male Pilgerin von Medjugorje. Kürzlich sagte sie:

– Von Anfang an habe ich Medjugorje angenommen. Ich hatte einen kranken Sohn. Zwanzig Mal bin ich um die Statue herumgegangen und trug ihn in meinen Armen, und zum Schluß hat mich die Gospa erhört.

Die Welt kann sagen, was sie will, ich bin sicher, daß hier Gott wirklich am Werk ist. Hat er nicht gesagt: *„Wenn mehrere in meinem Namen versammelt sind, bin ich mitten unter ihnen“* (Mt 18, 20). Hier ist die Menge in seinem Namen versammelt und Gott wird wirklich verherrlicht (*Nasa Ognista* Nr.7/8 1995).

Das unbefangene Zeugnis der Miss Kroatien

Anica Martinović, Miss Kroatien 1996 und erste Anwärterin auf den Miss Welt-Titel hat unbefangen dieses Zeugnis abgelegt:

Die Religion und das Gebet haben mein Leben bestimmt. Seit meinem 5. Lebensjahr habe ich mit meinen Eltern zumindest einmal im Jahr eine Wallfahrt nach Medjugorje gemacht. Vor allem während der letzten Monate habe ich inbrünstig zur Muttergottes von Medjugorje gebetet. Ich träumte davon, diesen Schönheitswettbewerb zu gewinnen, um überall in der Welt von Medjugorje sprechen zu können. Die Königin des Friedens hat mich erhört und hat mir die Krone der Miss Kroatien zum Geschenk gemacht. Ein solcher Wettbewerb ist immer schwierig. Das Gebet hat mir die Kraft verliehen, ihn zu bestehen. Bei allen Dingen hilft das Gebet sehr.

Wird Anica denselben Weg gehen wie Miss Massachussets, die ihren Titel dazu verwendete, um im Fernsehen über die Muttergottes zu sprechen und die in aller Bescheidenheit Ivan heiratete, um eine echt christliche Familie zu gründen? (NM, Mai 1996, S. 7b, durchnummerierte Seiten 6–26.)

Zu Maria durch Jesus

„Meine Gattin schleppt mich nach Medjugorje, sie möchte etwas zerbrechen, es gelingt ihr jedoch nicht alleine, und ich kann ihr nicht helfen, außer mich dieser für sie wie für mich schwierigen Suche anzuschließen.

Denn ich habe Maria gerne, weil sie bereit war, uns ihren Sohn zu schenken, aber ich verstehe nicht recht, warum man sie mit überladenen Worten und Bildern anruft, sie, die nur Einfachheit, Zurückstehen, Annahme war. Ich empfinde so etwas wie eine Vergötterung der Marienverehrung, die mir übertrieben scheint.

Kaum in Medjugorje angelangt, gehen wir zum Podbrdo, dem Ort der ersten Erscheinungen. Der Weg ist steinig und schwierig, was mich betrifft, so fühle ich eine Krise der multiplen Sklerose kommen. Aber ich will hinaufgehen und versuchen, meine Gattin, für die ich mich verantwortlich fühle, zu verstehen und zu begleiten.

Auf halber Höhe, schneller als ich glaubte, sind wir schon angekommen. Ich kniee vor dem Holzkreuz nieder. Wir beten zu Gott. Rund um uns gibt es keine rosa und blaue Muttergottesstatue: *nichts als Kreuze*. Und meines ist das größte. Ich hebe den Kopf und sehe über mir einen Christus, der sich herabneigt und mir scheinbar etwas sagt. Ich verstehe nicht. Die anderen machen nicht allzu viel Lärm, aber ich habe zu viel Lärm in mir.

Dann denke ich an Maria. Wie ein launisches Kind, das nicht zuläßt, daß man es umarmt. Sie hat mich zu ihrem Sohn geführt. Von nun an werde ich es wagen, mit ihr zu gehen, denn ich weiß, wohin sie mich führt: zu Ihm. Ich erinnere mich an den Text des Apostels, wo Jesus sagt: *„Frau, sieh da dein Sohn"* (Joh 19, 25–27).

Er hat mich Ihr vorgestellt. Sie ist meine Mutter und ich brauche keine übermäßige Sentimentalität mehr zu fürchten, ich kann mich fallen lassen. Mutter, hab Erbarmen mit deinem Sohn! Ziehe mich mit dir fort auf dem Wege Jesu. Auf einem religiösen Weg des Friedens und der Versöhnung." (MM, 4, S. 2)

Ein Vorgeschmack des Jüngsten Gerichts

Marcello, 25 Jahre alt, ist gekommen, um ein Jahr im Zönakel von Schwester Elvira zu verbringen, um dort bei der Heilung und dem Neubeginn der ehemaligen Drogensüchtigen mitzuhelfen.

Ende April nimmt er an Gebets- und Fastenexerzitien mit Pater Slavko im *Domus Pacis* teil. Er betet lange in der Kapelle, vor dem ausgesetzten Allerheiligsten. Und plötzlich läuft – mit einer seltenen Genauigkeit – der Film seines Lebens vor seinen Augen ab. Aus seiner Vergangenheit tauchen vergessene Ereignisse oder Szenen auf, die vor kurzem stattgefunden hatten, die er keineswegs in diesem Licht betrachtet hatte. Seine ganze Vergangenheit ist da unter dem Blick Gottes, der ihm den wahren Sinn seines Lebens erschließt und wie sehr Gott ihn von Anfang an geliebt hat, wenn er sich dessen auch wenig bewußt war.

Er sieht sehr klar das Gute und das Schlechte, freut sich über das Gute und empfindet Traurigkeit über das Böse.

– Der Herr zeigte mir, wie er sich sogar des Bösen bedient hatte, um es in Gutes zu verwandeln und mich an Ihn zu ziehen. Dieses Wort kam mir in Erinnerung: „Denen, die Gott lieben, gereicht alles zum Guten“. Im Leben zählt nur die Liebe, habe ich da verstanden.

Andere haben diese Erfahrung in Medjugorje gemacht, erläutert Schwester Emmanuel(E, 15. Juni).

Marcello hat Medjugorje verlassen und lebt wieder in Italien.

Geistliche Sendung in Medjugorje

Ein Korrespondent aus der Provinz, ein Gärtner, schreibt mir:

„Mein Leben ist nunmehr Vertrauen und Hingabe an Jesus. Ich schenke ihm alles und es ist ein wunderbares Leben in Harmonie, ein Leben des Glaubens und der Liebe. Wie schön ist doch das Leben mit Jesus!

Seit Medjugorje hat die Muttergottes mein Leben auf ihre Weise programmiert und es ist erstaunlich, wieviel Schönheit und Veränderung es da gibt. Ich kenne mich selbst nicht wieder. Die Veränderung hat uns hier einen Gebetskreis der *Charismatischen Erneuerung* geschenkt, die jetzt die ersten drei Monate besteht (Anfang 1996). Die Werbung erfolgte nicht durch uns. Die Muttergottes hat es gemacht, denn auf alle Personen wurde ich aufmerksam gemacht und alle suchten einen Gebetskreis. Das ist unglaublich. Wir sind zwölf bis sechzehn. Am 15. Februar haben wir den Herrn gelobt und zu einem bestimmten Zeitpunkt haben wir zu Jesus gebetet, um Nachrichten von einem seit sechseinhalb Jahren verschwundenen Neffen zu bekommen. Wir befürchteten das Schlimmste, da die Ermittlungen niemals etwas ergeben hatten. Und da, an diesem 15. Februar, entschließt sich unser Neffe, dort wo er gerade war, Nachricht zu geben. Er schreibt seiner Mutter. Am darauffolgenden Samstag hielt ich seinen Brief in Händen. Ich beschreibe ihnen nicht, wie überrascht wir waren. Sicherlich hat die Heimkehr des verlorenen Sohnes nicht begonnen. Man wird Geduld haben müssen und Jesus hat uns das gelehrt, manchmal auf unsere Kosten. Aber wir können nicht mehr sagen, daß Jesus nicht lebt." (Brief von L., einem Korrespondenten aus dem Westen [Frankreichs].)

7. Botschaften

1995

Die Pfarre weist darauf hin, daß nur die Botschaften vom 25. jeden Monats verbreitet werden dürfen. Aber da andere, gelegentliche Botschaften, insbesondere die Ivans auf dem Erscheinungsberg übermittelt und dort und da gedruckt werden, sehe ich keinen Grund, sie in dieser der Geschichte dienlichen Zusammenfassung nicht anzuführen.

Am 15. April überbringt Marija der Versammlung der Leiter diese Botschaft: *Vergeßt nicht, daß ich eure Mutter bin und daß ich euch liebe.*

Am 15. Juni zu Ivan auf dem Erscheinungsberg: *Betet, betet, betet! Seid an diesem Tag unermüdlich im Gebet.*

Am 23. Juni zu Ivan auf dem Erscheinungsberg: *Liebe Kinder, ich bin glücklich, euch so zahlreich hier zu sehen. Ich bitte euch, gemeinsam für die Bekehrung der Sünder zu beten.*

Am 25. Juni an Ivanka bei der Erscheinung des Jahrestages: *Betet für die Familien. Die Familien brauchen das Gebet, denn Satan will sie zerstören. Seid Friedensboten.*

Am selben Tag, dem 25. Juni 1995, zu Marija: *Heute bin ich glücklich, euch in so großer Anzahl zu sehen und daß ihr gefolgt seid und gekommen seid, meine Botschaften zu leben.*

Ich lade euch ein, meine lieben Kinder, freudige Träger des Friedens in dieser unruhigen Welt zu sein. Betet für den Frieden, daß, sobald wie möglich, die Zeit des Friedens zu herrschen beginnt, welche mein Herz mit Ungeduld erwartet.

Ich bin euch, meine lieben Kinder, nahe und halte für jeden von euch vor dem Allerhöchsten Fürsprache. Ich segne euch alle mit meinem mütterlichen Segen.

25. Juli 1995: *Auch heute lade ich euch zum Gebet ein, denn nur im Gebet werdet ihr mein Kommen zu euch begreifen kön-*

nen. Der Heilige Geist wird euch im Gebet erleuchten, damit ihr begreift, daß ihr umkehren müßt.

Meine lieben Kinder, ich möchte aus euch einen wunderschönen Blumenstrauß machen, bereit für die Ewigkeit; aber ihr nehmt den Weg der Umkehr, den Weg des Heiles nicht an, den ich euch durch diese Erscheinungen anbiete.

Meine lieben Kinder, betet, bekehrt eure Herzen und nähert euch mir. Das Gute soll das Böse besiegen. Ich liebe euch und segne euch.

25. August 1995: *Heute lade ich euch zum Gebet ein. Das Gebet soll für euch das Leben sein. Eine Familie kann nicht sagen, daß sie im Frieden ist, wenn sie nicht jeden Tag betet. Deshalb soll euer Morgen mit dem Morgengebet beginnen und der Abend mit der Danksagung enden.*

Meine lieben Kinder, ich bin mit euch, ich liebe und segne euch und wünsche, daß jeder von euch in meiner Umarmung ist. Ihr könnt nicht in meiner Umarmung sein, wenn ihr nicht bereit seid, jeden Tag zu beten.

25. September 1995: *Heute lade ich euch ein, euch in das Allerheiligste Sakrament des Altares zu verlieben. Betet Ihn, meine lieben Kinder, in euren Pfarren an und so werdet ihr mit der ganzen Welt verbunden sein.*

Jesus wird euch zum Freund werden, und ihr werdet nicht über Ihn sprechen wie über jemanden, den ihr kaum kennt.

Die Einheit mit Ihm wird euch zur Freude, und ihr werdet Zeugen der Liebe Jesu, die er für jedes Geschöpf hat.

Meine lieben Kinder, wenn ihr Jesus anbetet, seid ihr auch mir nahe.

15. Oktober 1995, Freitag, zu Vicka auf dem Erscheinungsberg: *Liebe Kinder, ich habe neue Botschaften für euch, aber ich kann sie euch nicht geben, denn ihr lebt nicht die, die ich euch schon gegeben habe. Liebe Kinder, betrachtet die vergangenen Botschaften und lebt sie. Dann werde ich euch die anderen Botschaften geben können, damit ihr vorwärtsschreiten könnt.*

25. Oktober 1995: *Heute lade ich euch ein, hinaus in die Natur zu gehen, denn dort werdet ihr Gott, dem Schöpfer, begegnen.*

Ich lade euch heute ein, meine lieben Kinder, Gott für alles, was Er euch gibt, zu danken. Im Danken werdet Ihr den Allerhöchsten und all das Gute, was euch umgibt, entdecken.

Meine lieben Kinder, Gott ist groß, und groß ist Seine Liebe zu jedem Geschöpf. Deshalb, betet, um die Liebe und die Güte Gottes zu begreifen. Als ein Geschenk der Güte und der Liebe Gottes, des Schöpfers, bin auch ich mit euch.

25. November 1995: *Heute lade ich euch ein, daß jeder von euch von neuem Gott, der jeden von euch gerettet und erlöst hat, zuerst zu lieben beginnt und dann die Brüder und Schwestern in eurer Nähe. Meine lieben Kinder, ohne Liebe könnt ihr in der Heiligkeit nicht wachsen und könnt auch keine guten Werke tun.*

Deshalb, meine lieben Kinder, betet, betet ohne Unterlaß, daß Gott euch seine Liebe offenbart. Ich habe euch alle eingeladen, euch mit mir zu vereinen und zu lieben. Auch heute bin ich mit euch und lade euch ein, die Liebe in euren Herzen und Familien zu entdecken. Damit Gott in euren Herzen leben kann, müßt ihr lieben.

25. Dezember 1995, Weihnachtsbotschaft: *Ich freue mich auch heute mit euch und ich bringe euch den kleinen Jesus, damit Er euch segne. Ich lade euch ein, liebe Kinder, daß euer Leben mit Ihm vereint sei.*

Jesus ist der König des Friedens und nur Er kann euch den Frieden geben, den ihr sucht. Ich bin mit euch und bringe euch auf besondere Weise Jesus dar, jetzt in dieser neuen Zeit, in der man sich für Ihn entscheiden soll. Diese Zeit ist die Zeit der Gnade.

1996

25. Jänner 1996: *Heute lade ich euch ein, euch für den Frieden zu entscheiden. Bittet Gott, daß Er euch den wahren Frieden schenkt. Lebt den Frieden in euren Herzen und ihr werdet verstehen, liebe Kinder, daß der Friede ein Geschenk Gottes ist.*

Liebe Kinder, ohne Liebe könnt ihr den Frieden nicht leben. Die Frucht des Friedens ist die Liebe, und die Frucht der Liebe die Versöhnung.

Ich bin mit euch und lade euch alle ein, meine lieben Kinder, zuerst in der Familie zu verzeihen und dann werdet ihr auch anderen verzeihen können.

25. Februar 1996: *Heute lade ich euch zur Umkehr ein. Das ist die wichtigste Botschaft, die ich euch hier gegeben habe. Meine lieben Kinder, ich wünsche, daß jeder von euch zum Träger meiner Botschaften werde. Ich lade euch ein, meine lieben Kinder, die Botschaften, die ich euch in diesen Jahren gegeben habe, zu leben. Diese Zeit ist die Zeit der Gnade. Besonders jetzt, da euch auch die Kirche zum Gebet und zur Umkehr aufruft [in dieser Fastenzeit], lade auch ich euch ein, meine lieben Kinder, meine Botschaften zu leben, die ich euch in dieser Zeit, seit ich hier erscheine, gegeben habe.*

25. März 1996: *Ich lade euch ein, daß ihr euch von neuem entscheidet, Gott über alles zu lieben. In dieser Zeit, in der man wegen der Geisteshaltung des Konsumierens vergißt, was es bedeutet, zu lieben und die wahren Werte zu schätzen, lade ich euch, meine lieben Kinder, von neuem ein, Gott auf den ersten Platz eures Leben zu setzen. Laßt euch nicht von Satan durch die materiellen Güter anziehen, sondern, meine lieben Kinder, entscheidet euch für Gott, der Freiheit und Liebe ist. Wählt das Leben und nicht den Tod der Seele.*

Meine lieben Kinder, in dieser Zeit, da ihr das Leiden und den Tod Jesu betrachtet, lade ich euch ein, euch für das Leben zu entscheiden, das durch die Auferstehung erblüht ist. Euer Leben soll heute durch die Umkehr erneuert werden, die euch ins ewige Leben führen wird.

Am 5. April 1996, Karfreitag, zu Ivan, der aus den USA zurückgekehrt ist, auf dem Erscheinungsberg bei der nächtlichen Erscheinung an diesem Tag. Ivan hat berichtet: Die Muttergottes war traurig, wie an jedem Karfreitag. Nachdem sie die Teilnehmer gesegnet hat, gab sie diese Botschaft: *Liebe Kinder, ich danke euch, denn ich weiß, daß ihr im Schmerz mit mir vereint seid. Liebe Kinder, wenn ihr heute Abend in eure Häuser zurückkehrt, betet die schmerzhaften Geheimnisse vor dem Kreuz.*

Sie verschwand im Zeichen eines leuchtenden Kreuzes (wie so oft), aber rechts von dem Kreuz sah Ivan Jesus in den Schmerzen seiner Passion.

Am 25. April 1996 zu Marija: *Heute lade ich euch von neuem ein, in euren Familien das Gebet an die erste Stelle zu setzen.*

Meine lieben Kinder, wenn Gott an der ersten Stelle ist, werdet ihr in allem, was ihr tut, den Willen Gottes suchen. So wird für euch eure tägliche Bekehrung leichter werden.

Meine lieben Kinder, sucht demütig danach, was in euren Herzen nicht in Ordnung ist, und dann werdet ihr begreifen, was ihr tun müßt. Die Umkehr wird für euch eine tägliche Aufgabe sein, die ihr mit Freude verrichten werdet.

Meine lieben Kinder, ich bin mit euch und segne euch alle und lade euch ein, durch Gebet und persönliche Umkehr meine Zuegen zu werden.

25. Mai 1996: *Heute möchte ich euch danken für alle eure Gebete und Opfer, die ihr mir in diesem Monat, der mir geweiht ist, dargebracht habt. Meine lieben Kinder, ich wünsche, daß ihr in dieser Zeit aktiv werdet, die durch mich auf besondere Weise mit dem Himmel verbunden ist. Betet, um verstehen zu können, daß ihr alle durch euer Leben und Beispiel am Werk der Erlösung mitwirken sollt. Meine lieben Kinder, ich möchte, daß die Menschen umkehren und in euch mich und meinen Sohn Jesus erkennen. Ich werde für euch Fürsprache halten und euch helfen, daß ihr Licht werdet. Helft anderen, denn indem ihr den anderen helft, findet auch eure Seele Heil.*

ANDERE BOTSCHAFTEN

Die Gospa wiederholt ohne Unterlaß: *Betet für den Frieden,* unterstreicht Ivan, gemäß E, 1–8.

Zu vermerken ist auch diese Botschaft von Marijana, Ende Juli 1990: *Die Jugendlichen sind meine große Hoffnung, meine größte Hoffnung. Ich wünsche, daß alle ihre Herzen mir gehören. Ich möchte sie glücklich machen. Deshalb müssen sie mir ihr Herz öffnen.*

Und mehr noch: *Viele Jugendliche suchen das Glück da, wo sie zugrunde gehen.*

Schwester Emmanuel macht diese allgemeine Bemerkung über die Botschaften der Gospa: „Sie antwortet nicht auf neugierige Fragen. Sie stellt sich nicht als Universalenzyklopädie dar“ (E, 1. Dezember).

8. Das Geheimnis Mariens und die Zukunft

Warum ist die kleine Pfarre Medjugorje, am Fuße der den Ort umgebenden Hügeln, eine Hochburg geworden? Warum trägt sie so viele anhaltende, tiefe, verschiedenartige Früchte? Warum ruft sie eine ständig erneuerte Kreativität hervor, der Hingabe und Beharrlichkeit, Mut und unermüdliche Geduld dienen, trotz einer ununterbrochenen Serie von außergewöhnlichen Prüfungen. Man baut, man hilft allen möglichen unglücklichen Menschen, es findet ein Austausch auf internationaler Ebene statt.

Brachland und Wüste

Der tiefgreifende Erfolg von Medjugorje setzt in Erstaunen in einer Zeit, wo so viele schöne offizielle Institutionen ihren Glauben, ihren Schwung und ihr Personal verlieren, in einer Zeit, wo man leere Priesterseminare und religiöse Besitztümer verkauft, die zu verlassenen Bienenstöcken geworden sind. Viele Kirchen bleiben leer und geschlossen, dem Staub und dem Verfall preisgegeben. In den katholischen Schulen werden etliche Kapellen, grundsätzlich das Herz der Anstalt, in Konzert-, Theater- oder Tanzsäle verwandelt. Das Allerheiligste wohnt nicht mehr darin. Die Anbetung, die sich in Medjugorje vertieft, ist aus diesen Orten verschwunden. Sogar die Kniebeuge ist ein vergessener Ritus. In etlichen theologischen Lehranstalten höchsten Niveaus gibt es keine Kreativität, was das Gebet betrifft, das an den Rand gedrängt und vernachlässigt wird. Der Unterricht nährt dort keineswegs den Glauben und stellt ihn oft in Frage. In wievielen dieser Anstalten gibt es ein Oratorium, während man in Medjugorje die Anbetungsorte vervielfachen muß?

Mehrere Bischöfe, die den Vorteil haben, eine Theologische Fakultät zu haben, deren Dekan sie aus Tradition sind, haben darauf verzichtet, ihre Seminaristen, deren Glaube mit ihrer Berufung nur allzu oft destabilisiert, verformt, schwach, ja sogar zunichte gemacht wurde, dorthin zu schicken. Zur Heranbildung von Priestern mit einem lebendigen Glauben mußten sie ein neues Professorenkollegium aufstellen. Man könnte das fortsetzen. Aber um alles das kümmert man sich wenig, denn verwaltungstechnisch ist alles in Ordnung. Die katholischen Jahrbücher sind gut gefüllt: Strukturen und Personal. Man kultiviert unfruchtbare Feigenbäume. Nur allzu oft macht das Verwaltungstechnische das Geistliche steril oder erzeugt da ein Krebsgeschwür und das Geistliche ist zum armen und manchmal unterdrückten Verwandten geworden. Viele beklagen sich ganz leise darüber. Sie sind nicht geneigt „pressure groups" zu bilden und verkünden nicht, so wie die Anhänger des Priestertums der Frauen und der Priesterehe: *„Wir sind die Kirche"*.

Es ist also wichtig die Orte der Kirche, wo der lebendige Glaube nicht verschwindet, sondern wiedererwacht, zu erwecken, zu kultivieren, zu unterstützen; wo das Gebet, der Sakramentenempfang, die christlichen Initiativen nicht verschwinden, sondern sich im Gegenteil unaufhaltsam vervielfachen; wo man voranschreitet, nicht in Richtung Säkularisierung und verallgemeinerter Laisierung, sondern in Richtung lebendiger Evangelisierung, Umkehr und kreativer Nächstenliebe.

Warum gibt es Orte, wo die Kirche den einfachen Wunsch Christi verwirklicht: „Daß sie das Leben haben und es in Fülle haben" (Joh 10, 10), während es anderswo versiegt und die Kirche in eine Jammergestalt verwandelt: diskreter Hafen von nicht praktizierenden Gläubigen, die abgetötete Rahmen und Strukturen fortbestehen lassen.

Ein großer Baum in Gottes Garten

Es gibt nicht nur ein Geheimnis, denn: „Im Hause meines Vaters gibt es viele Wohnungen", sagte Jesus in Johannes 14, 2. Der Heilige Geist arbeitet rechts und links, er richtet die Linke auf und macht die Rechte gefügig. Er arbeitet nicht daran, alles in äußeren Formen zu vereinheitlichen. Er arbeitet von innen her, in der Freiheit selbst... die er durch eine Öffnung auf die Fülle Gottes hin befreit, für eine Ganzhingabe in einem Vertrauen und einer treuen Danksagung an den Schöpfer. So offenbart sich die Saat, von der Jesus im Evangelium spricht, sie keimt und wird „zu einem großen Baum".

Dieses Gleichnis ist paradox, denn das „Senfkorn“, von dem Jesus spricht, ist nur ein schlichtes Gemüse, und niemals haben die Vögel daran gedacht, in seinen Ästen zu nisten. Medjugorje war nur eine schlichte, abgelegene Dorfpfarre, eingeschlossen in seinem Kreis von Hügeln, zerrissen durch unsühnbare Streitigkeiten zwischen seinen Weilern.

Medjugorje ist ein großer Baum geworden: einer der größten, der je in der Kirche gewachsen ist, vierzehn Jahre nach der *Charismatischen Erneuerung*, und dann vielen anderen, großen oder kleinen, sehr verschiedenartigen Gemeinschaften für Laien oder Priester; es ist hier nicht der Ort, sie aufzuzählen, aber ich treffe sie an vielen Ecken auf den Straßen unseres Planeten. Viele Charismen, die aus der lebendigen Tradition entstanden sind und sie stärken, sind heute an den Rand gedrängt, bekämpft, unterdrückt. Dort, wo die Früchte reifen, ist man beunruhigt über ihre „Zweideutigkeit“. Man bringt sie in Verruf, man brandmarkt sie. Sie wachsen nicht innerhalb des sozio-kulturellen Gartens, wo man die Saatkörner aussäht, die dahinvegetieren, sondern auf den benachbarten Böschungen.

Medjugorje ist in dieser Hinsicht nur ein Sonderfall.

Man wird sagen: die Prüfung ist ein Faktor der Vitalität. Der Herr reinigt seinen Weinberg, damit er mehr Frucht bringt. Die Kirche hat aus der Jungfrau von Orleans eine Heilige gemacht, indem sie sie verbrannt hat. Manchmal schafft sie die Heiligkeit durch die Prüfung oder das Martyrium. Es stimmt auf der spirituellen Ebene, wenn der Herr die Prüfung zuläßt; aber wenn die sozio-kulturellen Ideologien der Stunde sich befleißigen, die Prüfung von außen aufzuerlegen, dann sind diese Prüfungen oft schädlich und machen steril. Sie neutralisieren das Gute bei so vielen Menschen, denen man auftrug, keinesfalls nach Medjugorje zu fahren, nicht vor den Pilgermadonnen zu beten. Viele verpassen so eine dieser vielen, dauerhaften und tiefen Bekehrungen, die die Kirche verjüngen und aufwerten.

Wir haben nebenbei erwähnt, wie die Berufungen der Seher auf vielerlei Weisen durch diese Situation neutralisiert wurden. Ohne nochmals ins Detail zu gehen, beobachten wir das Ergebnis: sie haben wohl gespürt, daß für sie als Seher kein Platz in der Struktur des Klerus oder des geistlichen Lebens wäre, daß sie dort ihre Freiheit, ihren Einfluß verlieren würden. Das ist einer der Gründe, warum fünf von denen, die einen steileren Weg ins Auge gefaßt hatten, sich, nach reiflicher Überlegung einer Berufung als Laien in einer Familie zugewandt haben: anderer vitaler Punkt der Kirche.

Auch in dieser Hinsicht offenbart Medjugorje eine Situation, wo der Priester in der Kirche wie auch in der Gesellschaft seinen Platz verloren hat.

Die Magd des Herrn

Das Geheimnis der Orte des Lebens, der Fruchtbarkeit, der Kreativität und der spezifisch christlichen Inspiration (auf der Grundlage der Liebe zu Gott und zu den Menschen) ist in seinen Formen sehr verschieden.

In Medjugorje kommt das Geheimnis von Jener, die erscheint: der Gottesmutter Maria. Es ist das innere Geheimnis der Fülle ihres Lebens, das das Evangelium selbst schrittweise auf den Heiligen Geist bezieht: von der Verkündigung bis Pfingsten (ohne von der Unbefleckten Empfängnis und der Aufnahme Mariens in den Himmel zu sprechen, die die biblischen Gegebenheiten fortsetzen) und, in der Mitte, von Kana bis Kalvaria.

In Maria, die in der jüdischen, biblischen, gemeinschaftlichen Tradition lebte, Pilgerin bei jedem Paschafest war, kommt das Leben von einer völligen Öffnung gegenüber dem Heiligen Geist. Und das hat sie die harten Prüfungen bestehen lassen, die ihr Leben geprägt haben und die man allzu sehr vergißt: es war zunächst der Konflikt zwischen ihrer Berufung (*„Ich erkenne keinen Mann“*, Lk 1, 34) und der familiären Verpflichtung für ein Mädchen zu heiraten. Es war der Vorschlag eines schwindelerregenden, übermenschlichen Schicksals (Lk 1, 26–38); das Abenteuer der jungfräulichen Empfängnis und alle damit zusammenhängenden Probleme, mit Josef, mit dem Dorf, die zweifellos die zum Vorwand genommene Reise nach Bethlehem nach sich zogen; dann Herodes' Drohungen und die Flucht nach Ägypten; die Trennung von ihrem Sohn, als er den Weg seiner prophetischen Mission beschritt; seine Ablehnung im Stile einer scharfen Abweisung in Kana und, schlimmer als alles andere, das Dementi der göttlichen Verheißungen auf Kalvaria, denn als Jesus unter den Beschimpfungen seiner triumphierenden Gegner in der Agonie war, was konnten da für Maria noch die Worte bedeuten, die sie bei der Verkündigung empfangen hatte, und die sie mit einer riesigen Hoffnung „in ihrem Herzen bewahrte“ (2, 19 und 51):

„Er wird den Thron seines Vaters Davids einnehmen und sein Reich wird kein Ende haben“ (Lk 1, 32–33)?

Es ist gerade dieses Modell, das Maria in Medjugorje propagiert, für die Zeiten der Begeisterung wie für die der Prüfung, in verschiedenem Maße, bei den Priestern, den Sehern, den Gläubigen der Ortspfarre und der Weltpfarre der Pilger. Es ist die Quelle der persönlichen Bekehrungen (6. Kapitel) wie auch der religiösen und sozialen Initiativen (5. Kapitel).

Es stimmt wohl, daß die Botschaften abgedroschen sind und sich wiederholen, aber sie führen unermüdlich auf das nur allzu sehr in Vergessenheit geratene *Wesentliche* zurück, zur Quelle: das Gebet, das Fasten, wodurch das Gebet Wurzeln faßt, die Hl. Schrift und die Eucharistie, die das spirituelle Leben des Geistes und des Leibes nähren, die Buße und die Beichte, die die ständige Bekehrung aufrechterhalten. Dies macht nur das Geheimnis der Kirche lebendig, da, wo sie wirklich die Kirche ist, da, wo sie lebendig ist.

Es ist ein mütterliches Geheimnis. Die Mütter wiederholen oft, manchmal jeden Tag, ihren Kindern die kleinen Dinge, die ihrem Leben Ordnung, Zusammenhang, Dynamik geben werden: „Räum deine Sachen auf!“; „Gib acht auf die anderen!“; „Mach nicht so ein häßliches Gesicht!“; „Wasch dich!“; „Kämme dich!“; „Sag Grüß Gott, sag danke“ usw., die man immer wieder wiederholen muß, was zum Gewebe des Lebens werden wird.

Die immer zahlreicher werdenden Tagungen vom sozio-kulturellen Typus sind ausgerichtet auf das Neue, aber nicht auf die Verwurzelung; auf die Bestreitung der Wahrheit mehr als auf das Eintauchen in sie; auf den Aktivismus mehr als auf die Kontemplation. Sie bringen aus dem Gleichgewicht. In Medjugorje macht die Muttergottes standfest in Gott, der Quelle jeder Dynamik in der christlichen Tradition, die nicht eng und äußerlich gesehen werden darf, sondern als lebendige und kreative Quelle, so wie es die Dynamik einer Familie ist, in der man einander liebt.

Das Geheimnis Mariens, so wie es in Medjugorje erscheint, hat, wenn man so will, seine abgedroschenen Eigenschaften, die aber an Ort und Stelle stimulierend sind und belebend wirken. Es säht mehr in den Herzen als in den Gehirnen. Von da geht die glückliche Entwicklung des Gebets aus, weil die persönlichen und kollektiven Kraftlinien, die die Muttergottes auf alle möglichen Weisen verbreitet, hier durchgehen.

Dieses Gebet nährt sich von der Hl. Schrift, auf die uns Maria oft verweist. Es wird in gemeinschaftlicher Weise gelebt, in der Familie und in der Liturgie der Kirche.

Es kultiviert die Geduld in der Prüfung, im Kampf, in der Verfolgung; diese gründliche Formung hält den Gehorsam und den Frieden bei Unverständnis, Kälte, Gegnerschaft, ja sogar Herausforderung aufrecht.

Es bleibt optimistisch und voll Vertrauen, dort, wo die Liebe nicht verstanden und behindert wird, dort wo empörende Schwierigkeiten auftreten, wie für Maria auf Kalvaria.

Das ist das Geheimnis Mariens und das Geheimnis von Medjugorje. Ihre Person, ihr Licht, ihre Ausstrahlung, auch ihr Schutz schweben über diesem Ort, den sie wegen seines Glaubens und seiner Wahrhaftigkeit gewählt hat. Sie dringen da ein, werden verinnerlicht durch Gottes Gnade unter all ihren Formen: Eingebung des Heiligen Geistes, der da weht, der Eucharistie, die nährt, des Vaters mit seinem offenen Herzen für seine Kinder. Denn die Muttergottes lehrt, diese familiäre Beziehung mit Gott, dem zuerst gedient werden muß, zu leben, der aber zunächst auch derjenige ist, der als Erster gibt.

Maria zeichnet in Medjugorje wieder ein Lebensmodell, das im wesentlichen zu technische Pastoralmethoden vergessen lassen, da sie die Probleme von außen angehen.

Man vergißt nur allzu sehr, daß das Leben keine Technik ist, daß es nicht mechanisch abläuft. Es gehört nicht in den industriellen Bereich, es kann nicht im Maßstab von Berechnung und Produktivität geleitet oder geführt werden.

Das Leben entsteht in Gott. Es findet seine Struktur von innen her, im Gegensatz zu den Fließbändern. So ist es beim biologischen Leben und auch beim intellektuellen Leben. So ist es beim geistlichen Leben. Das trifft noch mehr für das göttliche

Leben zu, das ewiges Leben ist, gemeinsames Leben, mit Gott begonnen, im Leib Christi, im Weinstock, von dem Er sagt: *„Ich bin der Weinstock, ihr seid die Rebzweige"* (Joh 15, 1). Denn wir sind nur ein lebendiger Leib in Ihm. Sein Leben ist die Liebe, die sein Wesen selbst ist, die in 1 Joh 4, 8 und 16 definiert ist: Gott ist die Liebe.

Zukunft

Was wird also die Zukunft von Medjugorje sein? Bei jeder Etappe hat mich der Verstand sie düster, versperrt sehen lassen. Aber die vorangegangenen Prüfungen (kommunistische Verfolgung, Opposition von Bischof Žanić, Krieg, der die Wallfahrt mit allem anderen zunichte machte) würden scheinbar keine Überlebenschance übrig lassen.

Heute sagt man sich: Mit einem jungen, fähigen, in Rom sehr einflußreichen Bischof, der jedoch entschieden gegen das Geschehen von Medjugorje auftritt und eine bestimmte negative Strömung in der Verwaltung des Heiligen Stuhles aufrechterhält, wenn Johannes-Paul II. vorzeitig sterben sollte, sind alle Mechanismen bereit für eine Reihe negativer Handlungen, die Medjugorje treffen würden, so wie Vassula Ryden getroffen wurde, ohne Vorwarnung, trotz der Früchte an tiefen Bekehrungen. Und all dies würde mit dem besten Glauben der Welt geschehen.

Bis jetzt sind die anscheinend offensichtlichsten negativen Vorhersagen nicht eingetroffen. Die Muttergottes war die Stärkere dank des Gebets, der Vorsicht und des Gehorsams aller. Ihr Plan, von einer Weite ohne gleichen, beruht auf einer unterirdischen Explosion der Liebe. Er geht weiter.

9. Anhang

MARIJA: ÜBER DAS GEBET

Frage. – Marija, seitdem du verheiratet bist, lebst du in Italien. Ist das eine große Veränderung?

Marija. – Nein! Die Italiener sind kontaktfreudig, ich habe mich schnell an dieses Milieu angepaßt und die meisten Menschen, die ich hier treffe, sind auf die eine oder andere Weise mit Medjugorje verbunden.

F. – Wie versuchst du heute die Botschaft von Medjugorje zu leben?

M. – Ich kann sie hier in Monza wirklich leben. Paolo, mein Mann, hat hier Gebetsgruppen gegründet, ich brauchte mich daher nur zu diesen bestehenden Gruppen hinzuzugesellen, und die Priester hier, einschließlich der jungen, sind Medjugorje gegenüber sehr offen. Aus all diesen Gründen glaube ich, daß unsere Arbeit hier sehr wirksam ist.

F. – Gibt es in Mailand mehrere Medjugorje-Gruppen?

M. – Es gibt mehrere Gruppen, die auf Medjugorje zurückgehen. Aber daneben gibt es auch die Gruppe der Charismatischen Erneuerung, die ebenfalls die Botschaften von Medjugorje in ihr gewöhnliches Gebetsprogramm integriert.

F. – Wo siehst du zur Zeit die Muttergottes? Sind andere Personen bei der Erscheinung anwesend?

M. – Manchmal habe ich die Erscheinung in einer Kirche, in einer Kapelle und manchmal auch zu Hause. Meistens sind andere Personen anwesend. Kürzlich war ein Ehepaar bei mir, das einen Kriegswaisen aufgenommen hatte. Viele junge Leute, für die ich als Übersetzerin fungiere, kommen ebenfalls dazu. Es sind hier mehrere Schulen, wo die Klassen Patenschaften für Kriegswaisen übernommen haben. Ich übersetze ihnen da die Briefe ihrer Schützlinge und nach und nach entsteht zwischen uns eine sehr herzliche Beziehung.

F. – Marija, sind dein Mann und dein Kind bei der Erscheinung anwesend?

M. – Paolo, meine Mann, versucht so oft wie möglich anwesend zu sein. Mein Sohn Michael ist immer bei mir und bei jeder Erscheinung segnet ihn die Muttergottes.

F. – Bleibt dir, als Ehegattin und Mutter, genügend Zeit für das Gebet?

M. – Es fällt mir leichter die Botschaften hier in Italien zu leben als in Medjugorje, wo ich praktisch nie in aller Ruhe beten konnte.

Natürlich braucht mich mein Baby, es möchte in die Arme genommen werden, es muß meine Wärme und meine Liebe spüren, aber ich versuche, aus diesen Augenblicken der Intimität mit meinem Baby Augenblicke des Gebets und der Intimität mit Gott zu machen.

F. – Was heißt für dich mit dem Herzen beten?

M. – Zunächst ist es wichtig, sein Herz ganz weit für Gott zu öffnen und sich einzig und allein auf diese Begegnung zu konzentrieren. Viele Menschen sagen als Gegenargument, daß ihnen gerade während des Gebetes tausend Dinge durch den Kopf gehen. Auch ich habe dieses Problem. Aber sobald man diese Begegnung, das Ziel des Gebetes, hat, wird es leichter, wie unser momentaner Zustand auch immer sein mag. Jedenfalls möchte uns Gott so begegnen, wie wir gerade sind. Uns obliegt es, Ihm zu Beginn des Gebetes alle unsere momentanen Sorgen vorzulegen. Er mag das.

Vor kurzem hat uns ein befreundeter Architekt anvertraut, daß er während des Gebetes immer die besten Ideen hat. Dann unterbricht er das Gebet und setzt sich an seinen Zeichentisch, und er dankt dem Herrn. So sind seine besten Projekte entstanden. Für diesen befreundeten Architekten ist es das Zeichen, daß Gott seinerseits zu ihm kommt, um ihm bei der Arbeit zu helfen.

F. – Sagt die Muttergottes zur Zeit etwas über das Gebet?

M. – Die Muttergottes spricht ständig vom Gebet und das, was sie sagt, wird immer auf eine neue Weise gesagt. Dennoch gibt es keine universelle Regel für ein gutes Gebet. Die Muttergottes betont, daß es wichtig ist, mit seinem ganzen Herzen zu beten und sich so Gott zu öffnen. Jeder von uns hat seine besondere Art, Gott zu begegnen. Deshalb muß jeder von uns die Gebetsweise finden, die ihm am besten zusagt: diejenige, die ihn am stärksten Gott näherbringt (und das ist je nach Zeitpunkt und nach unserer Verfassung verschieden).

Marija zitiert hier die Antwort des Bauern an den Pfarrer von Ars: „Gott? Ich schaue Ihn an und Er schaut mich an."

Ist das nicht das schönste Gebet: einfach vor den Allerhöchsten hintreten: Ihn zärtlich betrachten und Ihn wirken lassen? Dazu ist keineswegs ein wohl formuliertes Gebet nötig.

F. – Marija, du bist diejenige, die die Monatsbotschaft der Königin des Friedens empfängt und weitergibt. Viele sagen, daß die Muttergottes immer dasselbe wiederholt. Was sagst du dazu?

M. – Ich glaube, daß recht viele Leute oberflächlich an diese Botschaften herangehen. Viele Christen, einschließlich Priester, tun schöne Sachen für Gott, vergessen aber oft das Wesentliche: das Gebet.

Aber wenn wir nicht jeden Tag beten, entfernen wir uns von Gott und vom Heiligen Geist. Dann kann man nicht mehr erkennen, was vom Heiligen Geist kommt. In diesem Zustand bevorzugt man bei weitem alles, was schöner, aufregender in unseren menschlichen Augen erscheint.

Das Gebet ist für jeden Menschen die geistliche Nahrung, ohne die man die festen Speisen, die Gott uns schenken möchte, damit unser Leben von Freude erfüllt sei, nicht empfangen kann.

F. – Hat die Muttergottes in letzter Zeit wieder vom Paradies gesprochen?

M. – Nein! Aber sie ruft uns seit dem Beginn auf, das Paradies auf Erden zu errichten, und vor allem in unserer eigenen Familie.

Viele entscheiden sich für das Gebet, machen aber aus ihrem Leben ein Chaos. Die Muttergottes wünscht für uns ein von Frieden und Liebe erfülltes Leben.

F. – Möchtest du wiederholen, wie Maria das Paradies beschrieben hat?

M. – Im Paradies nähern wir uns mit Wonne immer mehr Gott und wir vertiefen uns immer mehr und immer freudiger in seine Geheimnisse, bis zur Kenntnis des Geheimnisses des Herzens Gottes.

F. – Wieviele Geheimnisse hast du von der Muttergottes bekommen?

M. – Bis jetzt neun. Ich weiß nicht, wann mir die Muttergottes das zehnte geben wird.

F. – Willst du uns jetzt das Schlußwort geben?

M. – Ihre Leser wissen schon viel über Medjugorje, aber ich möchte ihnen dies sagen: Jedes Mal, wenn mir die Muttergottes erscheint, ist es etwas Neues.

Am Anfang konnten wir ihre strahlende Schönheit und die Intensität ihrer Gnade und aller Gnaden, die Sie uns übermitteln will, nicht verstehen. Nach und nach sind wir uns dessen bewußter geworden.

Jetzt nähern wir uns ihrer Schönheit und ihrer Liebe auf verschiedene Weise. Bei einer Erscheinung hat uns die Muttergottes etwas gesagt, was jeden von euch betrifft:

– Je mehr ihr betet, je mehr Zeit ihr mit dem Herrn verbringt, desto mehr werdet ihr Ihn kennen und ihr werdet fähig sein, seine Schönheit und seine Liebe zu erkennen. Dann wird er für euch nie mehr dieses ferne Wesen sein, das im Himmel wohnt, sondern er wird, von Tag zu Tag immer mehr, euer vertrauter Freund werden. Dann werdet ihr Ihm mit Freude den ersten Platz in eurem Leben geben.

Indem wir die Botschaften leben verstehen wir auch den glühenden Wunsch der Muttergottes, uns unter ihren Mantel der Zärtlichkeit zu nehmen, um uns zu Gott zu führen, damit Er unser Alles werde (NM, September 1995, S. 4–5 und MT, März-April 1996, Nr. 68, S. 6–7).

BESUCH BEI IVAN AM 29. APRIL 1996

Ich habe Ivan zum ersten Mal in dem schönen modernen Haus besucht, das aus Anlaß seiner Heirat gebaut worden ist, ganz nahe bei dem Bauernhaus seiner Eltern und seiner Kindheit. Es war noch früh, er war mit seiner Toilette noch nicht fertig. Seine Gattin, Laureen Dragicevic, hat uns empfangen.

Ich war neugierig, diese Amerikanerin kennenzulernen, die, bevor sie Ivan kennenlernte, ein glänzendes Leben führte. Einige Jahre nacheinander war sie zur Miss Massachusetts gekürt worden. Das kann ich verstehen, wenn ich ihre graziöse, hochgewachsene Mannequingestalt sehe. Sie ist eine charmante junge Frau, aber in keiner Weise ein Star oder ein Idol. Sie ist vollkommen einfach, natürlich, direkt, sehr fröhlich, ohne den Schatten einer Pose, einer Reserviertheit oder irgendetwas Gekünsteltem in ihrem Sprechen oder in ihrer Kleidung. Sie ist frei von Geziertheit oder einer Zurschaustellung. Sie beginnt, ein wenig kroatisch zu sprechen, aber sie zieht es bei weitem vor, englisch zu reden.

R. L. – Wie haben Sie Ivan und Medjugorje kennengelernt?

Laureen. – Auf der Wallfahrt.

R. L. – Und Ivan?

L. – In Amerika, als er einen Vortrag hielt.

R. L. – Wenn ich recht verstanden habe, haben Sie Ihre erste Wallfahrt nach Medjugorje gemacht, ohne Ivan zu treffen, und haben ihn erst in Amerika kennengelernt.

L. – Nein, ich hatte ihn bei meiner ersten Wallfahrt in Medjugorje gesehen, aber ohne mit ihm zu sprechen. Danach habe ich ihn in Amerika kennengelernt.

R. L. – Also vor ihrer zweiten und ihrer dritten Wallfahrt?

L. – Ja.

R. L. – Also haben Medjugorje und dann Ivan Ihr Leben verändert. Und seitdem legen Sie für die Muttergottes und für Medjugorje im Fernsehen Zeugnis ab.

L. – Im Fernsehen, ein oder zwei Jahre lang, jetzt nicht mehr.

[Sie hängt keineswegs an ihrem Ruhm als Star, den sie gegen den einer guten Hausfrau getauscht zu haben scheint, umso mehr als sie Mutter der kleinen Kristina Maria ist, die in Boston am 20. Oktober 1995 zur Welt kam. Ich habe sie gefragt:]

R. L. – Kann man Ihre kleine Tochter sehen?

L. (immer freundlich lächelnd). – Ich glaube, sie schläft.

R. L. – Da darf man sie nicht aufwecken.

L. – Ich gehe schauen.

Sie kommt zurück mit Kristina Maria in den Armen: einem süßen, sehr aufgeweckten Baby, das gerade sechs Monate alt war.

R. L. – Es ist ein ruhiges Kind. Schläft es gut, hält es Sie nicht vom Schlafe ab?

L. – Keineswegs.

R. L. – Und wo werden Sie jetzt leben? Sie müssen zerrissen sein zwischen Ihrer Familie, die Sie gerne öfters in Amerika sehen würde . . . und hier.

L. – Ja, wir werden in beide Richtungen gezogen. Ich glaube, daß wir die meiste Zeit hier, in Medjugorje, sein werden.

R. L. – Wie bei Ivanka und Mirjana ist Ihr Haus für die Aufnahme der Pilger eingerichtet. Sind Sie die Köchin?

L. – Nein, dafür habe ich kein Talent. Ivan kann das besser als ich. Ivans Mutter kocht für die zwanzig Personen.

R. L. – Denn sie haben schon damit begonnen, Pilger aufzunehmen?

L. – Ja.

In diesem Augenblick kommt Ivan, ein wenig in Eile, denn er wird von einer amerikanischen Gruppe erwartet. Ich stelle ihm ganz kurz meine Fragen.

R. L. – Ich weiß, daß Du viele Vorträge hältst oder Treffen gestaltest.

Ivan – In den Vereinigten Staaten, von Dezember bis Februar.

R. L. – Und wo?

[Er beginnt mit einer langen Aufzählung. Mir ist es wahrscheinlich nicht gelungen, alle Stationen genau genug mitzuschreiben.]

I. – Chicago, Florida, New York, Kentucky, Michigan, Minneapolis, Louisiana, Kanada, Québec, Ottawa, Toronto, Halifax; dann, auf der Rückreise nach Medjugorje: Australien, Sydney, Melbourne und anderswo.

R. L. – Wie lebt Ihr das Familiengebet?

I. – Wir widmen so viel Zeit als möglich dem Gebet, das auf den ganzen Tag verteilt ist, vor allem am Morgen und am

Abend. Das wichtigste ist das Abendgebet, mit Meditation, wie am Morgen.

R. L. – Des Evangeliums?

I. – Ja, aber auch der Botschaften der Muttergottes. Wir haben auch Gebetszeiten während des Tages.

R. L. – Wahrscheinlich insbesondere das Rosenkranzgebet?

I. – Ja.

Daraufhin muß Ivan zu der Gruppe gehen, die auf ihn wartet. Ich frage Laureen:

R. L. – Ist Kristina Maria während des Gebetes bei euch?

L. – Immer.

Meine Kenntnis von Ivans Ehe war zu äußerlich. Ich sehe jetzt, daß er reifer und überlegter geworden ist, so paradox die Unterschiede des Milieus, des Landes, der Persönlichkeiten sein mögen. Laureen ist flexibel, aufnahmefähig, offen und hat im Gebet ein neues Leben gefunden. In diesem Umfeld, während einer Periode des Apostolats, in der sie selbst viele Zeugnisse gegeben hat (bevor das Kind sie beanspruchte), hat sie zu einer tieferen Lebensfreude gefunden.

IVAN: ÜBER DIE FAMILIE

Gebetsaktion. – Ivan, Du sprichst zu den Pilgern besonders über die Jugend und die Familie. Warum liegen Dir diese Bereiche so am Herzen?

Ivan. – Seit Beginn der Erscheinungen haben sich die Menschen mit den unterschiedlichsten Fragen an mich gewandt. Aus all den Fragen konnte ich entnehmen, daß besonders die jungen Menschen vielfach nach einem Weg suchen, nach ihrem Platz in der heutigen Gesellschaft, die sie sich häufig friedlicher und besser wünschen. Das Leben scheint heute in einem Tempo zu verlaufen, das viele meinen läßt, nicht mehr mithalten zu können. Eltern klagen, nicht genügend Zeit für ihre Kinder aufbringen zu können. Dabei befinden sich gerade die Jugendlichen an einem Knotenpunkt, einer Wegkreuzung. Vor ihnen eröffnen sich viele Wege, aber nur ein Weg ist der richtige Weg. Aus meinen Erfahrungen, die ich mit der Gospa gesammelt habe, weiß ich, daß ich in der Lage bin, diesen jungen Menschen zu helfen - und darum sind die Bereiche Jugend und Familie mein Hauptanliegen.

G. – Spricht die Gospa häufig von der Krise, in der sich die Familie und die Jugend befindet?

I. – Ja, sie spricht sehr häufig davon. Sie sagt, daß wir in den Familien wieder zu beten beginnen müssen. Wenn wir in einer besseren Welt leben wollen, müssen wir in den Familien beten. Das ist das Wichtigste. Nur das Gebet garantiert eine heile Familie. Wir dürfen uns nicht der Illusion hingeben, alles würde sich von selbst zum Guten wenden, nein, wir müssen damit in unserer Familie beginnen.

G. – Du leitest in Medjugorje eine Gebetsgruppe. Konzentrieren sich Eure Gebete auf die Familie und die Jugend?

I. – Wir begehen am 4. Juli [1995] den 13. Jahrestag der Gründung dieser Gebetsgruppe, die jeden Dienstag und Donnerstag zusammentrifft. Es ist eine geschlossene Gruppe, der sich jedoch bei besonderen Gelegenheiten, wie etwa beim Gebet auf dem Erscheinungsberg, auch andere Menschen anschließen können, und wir sind glücklich, wenn möglichst viele Familien und Jugendliche mit uns beten. Das vergrößert die Chance der geistigen Umkehr.

G. – War es der Wunsch der Muttergottes, eine geschlossene Gebetsgruppe zu führen?

I. – Ja, es war ihr ausdrücklicher Wunsch, und sie ist es auch, die unsere Gebetsgruppe anführt.

G. – Was bedeutet für Dich diese Gebetsgruppe, die von der Gospa selbst geleitet wird?

I. – Es war für mich eine regelrechte Lebensschule, eine Schule der Liebe, in der all das gelehrt wurde, was man sonst in keiner Schule vermittelt bekommt. Die Gospa war und ist uns eine zärtliche, sorgende, geduldige und liebende Lehrerin. So führte sie uns zum Beispiel um den 25. Juni 1995 zehn Jahre in die Vergangenheit zurück und zeigte uns, wie es damals war. Ja, sie wiederholte alles noch einmal. Die Gospa lebt tatsächlich mit uns!

G. – Sagt sie Euch bei den Treffen auch Dinge, die einzelne Mitglieder der Gruppe betreffen, oder spricht sie zu Euch als Einheit?

I. – Wir sind eine kollektive Gruppe und somit sind die Botschaften für uns alle bestimmt [...].

G. – Wieviele Mitglieder hat die Gruppe?

I. – Die Gruppe hat 40 Mitglieder, die regelmäßig zusammentreffen. Daneben gibt es aber auch Mitglieder, die zwar nicht immer zum Treffen kommen können, die jedoch die Botschaften der Gospa leben und um 22 Uhr, wenn die Gospa auf dem Berg erscheint, in ihren Häusern mit uns beten. Sie sind auf diese Weise mit uns verbunden. Entscheidend ist schließlich nicht der Ort des Gebetes, sondern das Gebet ist entscheidend!

G. – Besonders in Westeuropa zerbrechen immer mehr Ehen und die Leidtragenden sind die Kinder.

I. – Ja, das ist ein großes Problem und eine Krise, die sich international ausweitet. Dennoch meine ich, daß es falsch wäre, die alleinige Schuld auf die Eltern abzuwälzen. Immerhin tragen sie eine große Verantwortung, sie arbeiten in der Regel viel und haben wenig Zeit für ihre Familie. Die Eltern indes müßten sich in Erinnerung rufen, daß die Ehe ein heiliges Sakrament ist, und daß es immer wichtig ist, sich für die Familie und Gott Zeit zu nehmen. Zweigt man sich nur ein paar Minuten von anderen Aktivitäten, wie etwa Fernsehen, Sport, Einkäufen, etc. ab, wird plötzlich genügend Zeit zum Beten bleiben. Wichtig ist nur, sich das auch bewußt zu machen!

Um Christ zu sein, genügt es nicht, getauft, gefirmt und kirchlich getraut zu sein. Das ist zuwenig, wenn man den Glauben nicht auch lebt.

Die Eltern dürfen nie vergessen, daß die Erziehung ein kontinuierlicher Prozeß ist. Gerade in der heutigen Zeit müßten sie alle ihre Kraft und Erfahrung dazu aufwenden, um ihre Kinder vor falschen Idolen, vor allem, was Körper und Seele ihres Kindes vergiftet, zu schützen. In der Realität jedoch geben sie ihren Kindern oft jede Freiheit, verlieren somit an Autorität und können ihren Kindern nicht mehr beibringen, was Gut und Böse ist. Etwas Strenge, verbunden mit viel Liebe, würde so manches der heutigen Probleme gar nicht aufkeimen lassen.

G. – Welchen Rat würdest Du einem jungen Menschen, der eine Familie gründen will, geben?

I. – Ich würde ihm in erster Linie raten, sich auf die Ehe gut vorzubereiten, und ein Priester oder eine andere Person, die dazu befähigt ist, sollte ihm dabei behilflich sein. Auf diese Weise kann man für die Ehe eine solide Basis schaffen und viele - wenn auch nicht alle - negativen Phänomene schon von vornherein ausschalten. Diese Vertrauensperson soll man auch später, wenn in der Ehe Probleme auftauchen sollten, zu Rate ziehen. Ganz problemlos wird keine Ehe verlaufen, denn wir Menschen sind keine vollkommenen Wesen, die alles abwenden können. Wichtig ist, daß ein Partner für den anderen offen ist, ihm nichts verbirgt und nicht vergißt, daß die Ehe ein heiliges Sakrament ist.

G. – Ivan, hast Du noch ein besonderes Anliegen an unsere jungen Leser?

I. – 14 Jahre sind seit den ersten Erscheinungen der Gospa vergangen und ich möchte alle jungen Menschen aufrufen, den Verlockungen der heutigen Zeit zu widerstehen und den falschen Idolen abzusprechen. Der Jugend gehört die Welt und für sie soll sie erhalten bleiben! Darum rufe ich alle jungen Menschen zur Umkehr auf, damit sie eine Welt aufbauen, in der der Friede und das Gute herrscht und in der Gott den ersten Platz in unserem Leben einnimmt. Mit ihm bauen wir eine bessere und schönere Welt! (Interview vom 27. Juni 1995, veröffentlicht in *GA* 39, S. 12–14).

SLAVKO BESTIMMT DIE LAGE

Frage. – Pater Slavko, sie sind vor kurzem nach Amerika gefahren. Aus welchem Grund?

Slavko. – Ich wurde vom fünften Kongreß des lateinamerikanischen Zentrums *Mir Regina della Pace* nach San Jose von Costa Rica eingeladen. Rund 230 Personen und 20 Priester aus verschiedenen Ländern, alle spanischsprachig, waren anwesend. Es war eine ganze Woche lang eine Lehrveranstaltung in der Schule Mariens. Im Bericht wurden verschiedene Themen behandelt, wie: *Die Rolle Mariens in der Bibel und in der Kirche*, ein Thema, das oft in Medjugorje behandelt wird. [...] Ich habe über das Fasten, das Kreuz, das Gebet und seine Rolle in unserer Zeit, die die Zeit Mariens ist, gesprochen. In dieser Woche haben wir verschiedene Abende mit einigen Priestern organisiert. Ein Abend war der Jugend gewidmet, ein anderer den Ehepaaren, usw... Am Ende des Treffens haben wir im *Sportpalast* eine feierliche Messe mit einigen tausend Jugendlichen gefeiert, das war sehr ergreifend.

Nach dem Kongreß legte ich einen kurzen Aufenthalt in Boston ein und nahm an der Trauung des Sehers Ivan teil. Bei der Trauung habe ich die Predigt gehalten.

F. – Wo und wie hat Ivan geheiratet?

S. – Er hat am 23. Oktober 1994 in der Kirche S. Leonardo in Boston, um 14 Uhr geheiratet. 250 bis 300 Gäste waren gekommen. Seine Gattin Laureen half den Franziskanern italienischer Herkunft. Alle Franziskaner und viele Studenten waren bei der Feier anwesend, sie wollten Laureen ihre Dankbarkeit erweisen für die Arbeit, die sie in ihrer Pfarre leistet.

F. – Welche Pläne hat Ivan? Bleibt er in Amerika oder kehrt er nach Medjugorje zurück?

S. – Soviel ich weiß, baut er sich ein Haus in Bijakovići, in der Nähe seines Geburtshauses. Dort möchte er leben.

F. – In welchem Maße ist die Botschaft von Medjugorje in Amerika bekannt, wird sie da verbreitet?

S. – Die Botschaft ist sehr verbreitet. Sie erweckt unglaubliches Interesse. Viele Menschen vervielfachen verschiedene Tätigkeiten innerhalb der Gebetsgruppen, insbesondere Aktionen für die Armen, die Kranken, die Kinder und die Jugend. Ich hatte eine Begegnung mit einer Gebetsgruppe, die sich voll für die Gefangenen einsetzt, ihnen die Botschaften bringt (innerhalb des Gefängnisses). Sie beten gemeinsam mit ihnen.

F. – Welche Haltung nimmt der Klerus der Vereinigten Staaten gegenüber Medjugorje ein?

S. – Viele glauben daran, sie sind bereit, auf diesem Weg weiterzumachen. Jetzt haben sie einen Koordinator für das Zentrum [von Boston]. Es ist Francesco Verar, ein Priester aus Panama, der sich sehr für Medjugorje einsetzt.

F. – Welche Neuigkeiten über Medjugorje kommen aus Rom?

S. – Sie werden sicher gehört haben, daß der Bischof von Mostar Medjugorje in seiner Rede bei der Synode (11. Oktober 1994) erwähnte. Er beschuldigt Medjugorje, einen Bruch in der Ortskirche herbeigeführt zu haben und bittet den Heiligen Vater und den Heiligen Stuhl, etwas zu tun. Er hat nicht offen erklärt, daß Medjugorje gesperrt werden muß, aber im Zusammenhang gesehen kann man das vermuten. Seine Stellungnahme wurde von vielen kroatischen Zeitungen stark herausgestrichen.

Er hat dann versucht, den Schuß zu korrigieren, aber zusammenfassend betrachtet, handelt es sich um eine richtigen Angriff, eine Aggression. Ich glaube dennoch nicht, daß seine Rede Folgen haben wird. Nach der Synode hat sich der Erzbischof von Nigerien nach Medjugorje begeben. Man hat sich gefragt warum, da er doch wußte, daß unser Bischof dagegen ist: „Ich habe ihn gehört, aber ich war schon zweimal privat hierher gekommen. Das nächste Mal werde ich als Erzbischof hierher kommen und ich bin sicher, daß mir das niemand verbieten kann. Wenn ich die finanziellen Mittel hätte, würde ich alle Priester Nigeriens hierher nach Medjugorje schicken, damit sie dieselben Erfahrungen machen können wie ich".

F. – Welche Position nehmen die anderen Bischöfe Kroatiens, Bosniens und der Herzegowina gegenüber Medjugorje ein?

S. – Es hat in letzter Zeit keine Erklärung dazu gegeben. Im April 1991 wurde gesagt, daß die Kommission ihre Arbeiten fortsetzt. Die Priester und auch die Bischöfe sind verpflichtet, den Pilgern ihren pastoralen Dienst anzubieten und ihnen die Gelegenheit zur Beichte zu geben, auch wenn die Anerkennung Medjugorjes noch aussteht.

F. – Wann hat der Ortsbischof Medjugorje das letzte Mal besucht?

S. – Bischof Perić von Mostar ist, so viel ich weiß, drei oder vier Mal nach Medjugorje gekommen, insbesondere im vergangenen Jahr zur Firmung. Dann hat er die spanischen UNO-Soldaten besucht, die in Medjugorje ihr Quartier haben, und hat in der Kirche von Medjugorje für einen gefallenen Soldaten gebetet. Dabei hatte er keinen Kontakt zu uns, es gab kein besonderes Gespräch über Medjugorje, dieses Thema ist tabu.

F. – Was geschieht jetzt in Medjugorje?

S. – Die Zahl der Pilger steigt bis zum heutigen Tage (Ende 1994) stark an. Ich glaube, man hat nahezu 500 000 Kommunionen gespendet, es waren weitaus weniger im vergangenen Jahr. Die Zahl der Pilger steigt weiterhin und der Kreis ihrer Herkunftsländer wird immer weiter. Beispielsweise haben wir auch Reisegruppen aus Rumänien, aus Rußland, und in letzter Zeit waren Orthodoxe darunter. Es kommen immer mehr Pilger aus Italien, der Schweiz, Deutschland, Österreich, aber es sind weniger als vor dem Krieg.

F. – Wo sind die Seher und was machen sie?

S. – Vicka ist die meiste Zeit in Medjugorje. Wenn sie auf Reisen geht, dann nur für kurze Besuche, insbesondere in Italien. Sie ist die einzige, die noch nicht verheiratet ist. [Es ist nicht bekannt, warum Slavko „noch nicht“ sagt.] Sie steht immer den Pilgern zur Verfügung.

Marija ist in Italien. Sie hat einen Sohn und lebt mit ihrem Mann in Monza. Sie kommt immer öfter nach Medjugorje.

Jakov ist zur Zeit in Italien. Er ist verheiratet und hat ein Kind.

Ivan hat am 23. Oktober 1994 in Amerika geheiratet, lebt aber in Medjugorje.

Mirjana hat jetzt zwei Töchter. Am Morgen spricht sie eine Stunde lang zu den Pilgern und widmet dann ihre ganze Zeit ihrer Familie. Von Zeit zu Zeit fährt sie nach Italien, bleibt jedoch nur kurze Zeit dort.

Ivanka hat drei Kinder und lebt in Medjugorje. Sie hat weniger Kontakt mit den Pilgern als die anderen Seher, teils deswegen, weil sie weit weg, am Rande von Medjugorje lebt. Sie war immer die Reservierteste.

F. – Pater Petar ist nicht mehr in Medjugorje. Welche Priester versehen jetzt dort ihren Dienst?

S. – Es hat einige Versetzungen gegeben. Pater Dobroslav Begić sollte versetzt werden, aber die Pilger kennen ihn nicht gut. Pater Viktor, der vor dem Krieg in Medjugorje war, ist wieder zurückgekommen. Pater Petar hat sich wie immer zur Verfügung gestellt. Er ist in die Schweiz gegangen, wo er zumindest eine Zeit lang die Kroaten betreuen wird. Ich bin sicher, daß er sich auch dort weiterhin für Medjugorje einsetzen wird.

F. – Man weiß, daß Pater Petar die Geheimnisse veröffentlichen soll, wenn Mirjana sie bekanntgeben wird. Warum ist er da versetzt worden?

S. – Aber das ist kein Hindernis. Heutzutage haben wir die Möglichkeit, Verbindungen per Telefon und Fax herzustellen. Wenn das eintritt, wird es nicht schwierig sein, mit Pater Petar in Verbindung zu treten, der kommen und das tun wird, um was ihn Mirjana bitten wird. Er wird seine Aufgabe erfüllen, das wird kein Problem sein.

F. – Sie werden oft ins Ausland geschickt, um Seminare über Medjugorje abzuhalten. Was haben Sie für einen Eindruck über die Verbreitung der Botschaft im Ausland?

S. – Die Botschaft von Medjugorje hat wirklich die ganze Welt erreicht. Vor kurzem ist eine Einladung von einer kleinen Nachbarinsel von Madagaskar mit Namen Mauritius gekommen. Es ist eine Einladung, geistliche Übungen und Gebetsabende zu organisieren. Es gibt dort Gebetsgruppen, die schon zehn Jahre lang bestehen. Was mich mit Freude erfüllt ist, daß diese Gruppen nicht nur beten, sondern sehr aktiv sind. Das reicht von den Berufungen bis zur Organisation von Hilfswerken für die Menschen in Kriegsgebieten, bis zur Arbeit für Kinder und für Gefangene. Es gibt immer viele Freiwillige, und so schreitet alles in der von der Muttergottes angegeben Richtung fort: beten und aktiv sein. Was mir besonders gefällt, ist, daß viele Gruppen die Anbetung eingeführt haben! Die Anbetung ist die Begegnung mit Gott in der Stille. Ich komme und kniee nieder, nicht um etwas zu erbitten, sondern um Gott anzubeten: den Allmächtigen.

BEI DEN EHEMALIGEN DROGENSÜCHTIGEN VON SCHWESTER ELVIRA (29. APRIL 1996)

Als ich von Ivan wegging (s. o. S. 124), kam ich wieder zu der Gruppe, die mir in der Gemeinschaft von Schwester Elvira, der ehemaligen Drogensüchtigen, vorausgegangen war. Diese Drogensüchtigen haben im Gebet wieder das Glück und die Lebensfreude gefunden. Sie legen davon Zeugnis ab. Die Gebäude der Gemeinschaft haben sich seit dem vergangenen Jahr vergrößert. Sie machen alles selbst. Es ist ein wahres Bienenhaus.

Sie bauen ein neues Gebäude am Ende der Gemeinschaft.

Am Ende des Grundstücks, unter Bäumen, hörten wir das Zeugnis von zwei ehemaligen Drogensüchtigen: Francesco, 23 Jahre, und dann Mario, 25 Jahre, beide Italiener. Die Gespräche wurden übrigens von Agostino, einem weiteren Italiener, übersetzt, der ein perfektes Französisch ohne Akzent spricht. Nachstehend das Wesentliche der beiden Zeugnisse.

Francesco

Vor 15 Jahren war Schwester Elvira, klein, aber mit einem großen Herzen, schon Ordensfrau und sogar Oberin. Sie war nicht unglücklich in ihrer Gemeinschaft, suchte aber etwas anderes, was man in ihrem Orden nicht machen konnte. Es war ein schwieriger Weg. Wie sollte man damit fertig werden und was konnte man ohne Geld tun?

Sie hat sich ganz in die Hände des Herrn übergeben, hat sich in Turin niedergelassen, in einem alten Haus mit einem kaputten Dach. Sie nahm dort Obdachlose, Prostituierte, Menschen am Rand der Gesellschaft auf. Aber schnell wurde ihr klar, daß die größte Nachfrage von jungen Drogensüchtigen kam. Da hat sie ihr Leben für uns gegeben und so hat sie, in weniger als 15 Jahren, zwanzig Häuser gegründet, die meisten in Italien, aber auch anderswo: das letzte in Brasilien für die Jugend der Favellas. Sie setzt nicht auf Geld. Sie bettelt nicht [und auch sie haben die Pilger nicht angebettelt, die bereit waren, eine Spende zu geben]. Der deutsche Staat hat ihr vorgeschlagen, für 400 Mitglieder unserer Gemeinschaft mit 50 Mark pro Tag aufzukommen, aber sie glaubt mehr an die Hilfe Gottes als an die Hilfe des Staates. Wir kaufen nichts. Alles kommt uns zu, alles kommt von der Vorsehung. Wenn es kommt, sind wir fröhlich, aber wenn es nicht kommt, begnügen wir uns. Eine Zeit lang hatten wir kein Milchpulver mehr, da haben wir uns mit Tee begnügt. Aber das ist weniger nahrhaft und schon in der Mitte des Vormittags, um 10 Uhr, hatten wir Hunger. Wir haben um Milch gebetet. Und nach vier Tagen ist eine Gruppe aus Österreich gekommen. Und was hat sie uns gebracht?

– Milchpulver!

– Nein! Eine Kuh! Die aber nur 2 Liter Milch pro Tag gab. Jetzt haben wir zwei Kühe und zwei Kälber. Das ist die Vorsehung! Darüber könnte ich ihnen bis morgen früh erzählen.

Hier haben wir weder Fernsehen, noch Radio, noch Zigaretten, noch Frauen... alles das, was uns vorher unerläßlich war. Wir haben das alles gestrichen, um etwas Neuem Platz zu machen. Wir haben kein Fernsehen, aber zwischen uns gibt es einen Dialog.

In meiner Familie war das anders. Es gab vier Fernseher, aber ich konnte kein Gespräch mit meinem Vater führen. Ich hätte mit ihm sprechen wollen, aber er war in Eile. Einmal habe ich ihn gebeten, mit mir zu spielen, aber er hatte keine Zeit. In dieser frustrierenden Situation begann ich, Drogen zu nehmen.

Man bekämpft das Heroin nicht mit Metadon. Man bekämpft es vor allem mit dem Gebet. Jesus ist mein Arzt geworden, sogar physisch, das Gebet ist das Einzige, was unsere Herzen erfüllen und erfreuen kann, was weder die Ärzte noch die Medikamente können, nur Jesus.

Ich brauchte keinen Psychologen. Entschuldigen Sie, gibt es welche unter euch? Ich habe nichts gegen Psychologen! Aber ein Psychologe wird mir sagen, warum ich den Drogen verfallen bin, er wird mir nicht die echten Mittel geben, um da herauszufinden. Und heute in der Welt, so wie sie beschaffen ist, verfliegen die Worte des Psychologen schnell und man wird wieder von der verderblichen Atmosphäre eingefangen.

Frage – Wie ist ihr Tagesablauf?

Antwort. – Wir stehen um 6 Uhr auf. Zuvor halten einige eine halbe Stunde Anbetung, denn wir haben das Allerheiligste in der Kapelle. Es ist unsere Hilfsquelle, unsere Heilung. Man kann wohl zum Arzt gehen, aber die wahren Wunden bleiben, sie heilen nicht. Nur Jesus kann heilen. Wir lesen gemeinsam die Heilige Schrift, einer von uns gibt den Kommentar dazu, was das für unser Leben bedeutet.

Danach kommt das Frühstück, dann die Arbeit. Davon gibt es viel und wir haben hier alles gemacht. Wir sind sechzig im Haus, davon zwei Köche, aber es gibt auch Maurer, Tischler, die unsere Möbel machen, usw. Wir versorgen unsere Tiere, wir leben in einem geschlossenen Wirtschaftskreislauf.

Zu Mittag ist das Mittagessen, eine Zeit, wo wir uns den anderen öffnen. Wir begegnen einander direkt, ohne Fernsehen. Wir machen Witze, aber wir sprechen auch ernsthaft, wir führen Gespräche. Die Drogen hatten unsere Herzen verschlossen und wir haben ein Bedürfnis, uns mitzuteilen.

Danach beginnt wieder die Arbeit. Am Morgen beteten wir den ersten Teil des Rosenkranzes: die freudenreichen Geheimnisse. Am Nachmittag sind es die schmerzhaften Geheimnisse, zur Todesstunde Christi.

Das Gebet ist kein Traum. Wir beten auch während der Arbeit, beim Arbeiten, beim Autofahren, beim Spazierengehen. Man kann auch anderswo als in der Kirche beten.

Die Arbeit ist um 18 Uhr zu Ende. Wir haben eine Jause. Dann gehen wir in die Kapelle, wo wir den dritten Rosenkranz, die glorreichen Geheimnisse beten. Wir lesen wiederum das Evangelium, mit einem spontanen Kommentar, wie am Morgen.

Der Abend ist der wichtigste Zeitpunkt des Tages, es ist der Zeitpunkt aller Versöhnungen, wenn es zwischen uns Spannungen gegeben hat. So lernen wir die Konflikte bewältigen. Dieses Lernen wird wesentlich für unser Familienleben sein. Wir lernen, die Wahrheit zu leben und zu sagen, zu sechzig, im gemeinsamen Leben! Ich bin froh, daß ich von den Drogen losgekommen bin, ich bin glücklich, ich bin frei. Die Wahrheit macht uns frei. Vorher war mein Ideal, ein Auto zu haben, viele Frauen, cool zu sein.

Ich habe verstanden, daß Freiheit bedeutet, in der Wahrheit zu stehen. Wir nützen unsere freie Zeit, um zu reden, Gitarre zu spielen. Wir gehen früh schlafen, da wir früh aufstehen. Unser Leben ist das Evangelium.

Vorher wollte ich alles, ich hatte recht viel Taschengeld von meiner Arbeit, von meinen Eltern, auch von den Drogen. Heute habe ich kein Geld mehr, aber ich habe Freunde. Ich bin glücklich.

Mario

Mit 17 Jahren begann ich, Drogen zu nehmen. Ich sprach weder mit meinen Eltern noch hatte ich Kontakt mit ihnen. Ich habe versucht, mit anderen zu sprechen. Manchmal versuchte ich es wieder bei meinen Eltern. Ich habe meinen Vater gebeten, mit mir zu spielen. Er fand nie Zeit dazu. Er schickte mich zu meiner Mutter, auch sie war mit dem Haus beschäftigt. Ich schaute viel fern. Schließlich zog ich es vor, mit Freunden auszugehen. Und je mehr ich ausging, desto mehr ging ich zugrunde. Ich hatte Geld, aber ich war nicht glücklich, abends war ich eher angewidert.

Nach meinem Jusstudium wollte ich mein Leben ändern, ich hatte Umgang mit Burschen, die älter waren als ich, ich ging in Diskotheken, trank Bier, ich hatte den Eindruck zu leben, als ich trank, als ich rauchte. Und das ließ mich unbefriedigt.

Eines Tages begannen wir in einer Gruppe, einen Joint zu rauchen. Wir haben es alle versucht: Burschen und Mädchen. Einige haben aufgehört. Ich habe weitergemacht, während mehrerer Jahre. Und das ließ mich unbefriedigt, so machte ich mich an das Kokain und Heroin. Dadurch war ich isoliert. Ich brauchte keine Gesellschaft mehr.

Ich konnte den Wehrdienst in der Nähe meines Wohnortes machen und habe dasselbe Leben weitergeführt.

Danach hat sich die Lage verschlechtert, ich begann meine Höllenfahrt. Ich spritzte mich täglich. Das schien mir normal, notwendig. Das Geld von meiner Arbeit und von meinen Eltern reichte dafür nicht mehr aus. Ich bestahl sie und andere Leute. Da haben meine Eltern (Christen) die Augen aufgemacht. Sie haben verstanden, daß ich nicht mehr ich selbst war. Und meine Freunde haben mich zu Psychologen, zu Ärzten geführt, aber ich nahm weiterhin Drogen.

Meine Eltern haben versucht, mich einzusperren. Aber sogar dieses Leid nützte nichts. Ich hatte dennoch den heftigen Wunsch, wieder zu einem normalen Leben zu finden, ich versuchte, mich weniger oft zu spritzen.

Vor vier Jahren, 1992, erzählte man meinen Eltern von der Gemeinschaft von Schwester Elvira. Damals ging ich in Richtung Aids oder Überdosis. Was die Gemeinschaft von Schwester Elvira betrifft, so wußte ich nicht, war das ist. Diese Gemeinschaft ohne Mädchen, ohne Musik, ohne irgendetwas, was mein Leben ausmachte, das kam nicht in Frage.

Als ich schließlich eintrat, fühlte ich mich dort nicht wohl. Aber ich sah, daß die anderen rund um mich froh waren, glücklich.

Das hat mir Vertrauen gegeben, aber ich hatte oft Lust zu flüchten. Jetzt ist mein Leben wieder normal geworden, ohne daß ich ein Heiliger geworden wäre, und ich fühle mich wohl mit dem Aufstehen um 6 Uhr.

DRAGA IVANKOVIĆ

Draga, Cousine von Vicka, wohnt in Bijakovići, wo fast alle den Namen Ivanković tragen. Sie hat die Ereignisse von Anfang an genau verfolgt.

Sie übt Übersetzerfunktion in mehreren Sprachen aus.

Frage. – Wie spielt sich heute das Leben in Medjugorje ab?

Draga. – Ich bin Begleiterin und Dolmetsch für die amerikanischen Pilger, aber auch für die Kanadier, Australier, die englischsprachigen Pilger. Zur Zeit habe ich 33 Personen. Vier Gruppen werden in diesem Monat aufeinanderfolgen.

F. – Wie lebt man die Situation des Krieges in Medjugorje?

D. – Gut. Das ist die einzige Zone, wo man ein normales Leben wie in Italien lebt. Es ist Friede, vielleicht mehr als in Italien. Ein Freund sagte mir: „Das ist ein Wunder, daß wir in diesem Land, wo Krieg herrscht, den Frieden suchen".

F. – Gibt es keine besondere Schwierigkeit?

D. – Ja, einige Leute haben Schwierigkeiten, weil es keine Arbeit gibt. Dennoch kommen viele Menschen hierher nach Medjugorje, die in unseren Häusern schlafen. Es gibt keine großen Probleme, es gibt keinen Hunger. Die Mehrzahl der Leute lebt gut.

F. – Und der Handel, wie lebt er mit dem Rückgang der Pilgerzahl?

D. – Er arbeitet und ist damit zufrieden. Es gibt genug zum Leben und zum Essen.

F. – Die Zahl der Pilger aus Italien hat sich sicher verringert.

D. – Ja, sie sind nicht sehr zahlreich, sie lassen sich durch das beeindrucken, was sie im Fernsehen sehen, aber hier ist alles ruhig.

F. – Und woher kommen die Pilger jetzt?

D. – Es gibt viele Franzosen, dann Amerikaner, Holländer, Engländer, Belgier, Australier, usw.

F. – Wie kommen diese Pilger hierher?

D. – Sie kommen mit dem Flugzeug bis Zagreb, dann mit dem Flugzeug von Zagreb nach Split. Wir holen sie mit einem Autobus in Split ab. Normalerweise kommen die Franzosen direkt mit dem Bus.

F. – Wie meistern die Geschäfte, Gasthöfe, Restaurants, Pensionen praktisch diese Lage?

D. – Ich glaube, daß der, der arbeiten konnte, keine Schwierigkeit hat.

F. – Viele im Bau befindlichen Häuser sind nur halb fertig gebaut worden. Wie kommt das?

D. – Weil wir vor dem Krieg begonnen hatten zu bauen, dann, während des Krieges, hatten die Leute kein Geld mehr, sie konnten nicht weiterbauen; aber wer weiß, wenn der Krieg zu Ende sein wird, wird das wieder weitergehen. Das alles ist normal, es wäre nicht richtig, in Kriegszeiten zu bauen.

F. – Was sagen die Seher zum Krieg?

D. – Sie sagen nichts dazu, sie sagen, daß man für den Frieden, für die Beendigung des Krieges beten müsse. Alles hängt von unseren Gebeten ab.

F. – Bist du davon überzeugt?

D. – Die Gospa hat am 21. Juli 1982 gesagt, daß sogar der Krieg mit Gebet und Fasten aufhören kann. Tatsache ist, daß es in dieser Gegend, in der gebetet und gefastet wurde, keinen Krieg gegeben hat. Andere Regionen, die sich niemals für Medjugorje interessiert haben, wo die Menschen weder gebetet noch gefastet haben, sind hingegen sehr betroffen, weil bei ihnen das religiöse Empfinden geschwunden ist, im Gegensatz zu dem, was bei uns geschieht.

F. – Hat es in Medjugorje Kriegsschäden gegeben?

D. – In den ersten Zeiten des Krieges wurden einige Bomben in der Nähe des Postamtes abgeworfen, aber sie haben nur eine Kuh, einen Hund und ein Huhn getötet, ohne andere Schäden zu verursachen. Danach [Mai 1993] nichts. Hier gibt es ein UNO-Kommando: spanische Soldaten, aber man sieht sie fast nie.

F. – Sieht man noch Phänomene in der Sonne und auf dem Kreuz des Križevac?

D. – Davon weiß ich nichts. Man hört jedoch, daß jemand die Sonnenphänomene gesehen und fotografiert hat. Sicher ist, daß während der ersten Jahre der Erscheinungen die Sonne anders erschien, man konnte sie ansehen. Sie nahm verschiedene Farben an: rosa, dann grün, dann gelb, dann himmelblau, usw... Sie schien sehr groß zu sein. Was das Kreuz am Križevac betrifft, so verschwand es und an seiner Stelle erschien eine weiße Frauengestalt. Viele andere Phänomene wurden beobachtet. Ich habe sie gesehen, und viele andere so wie ich. Aber alles das ist nichts im Vergleich zu dem Zeichen, das auf dem Podbrdo erscheinen wird, wie es den Sehern versprochen wurde.

F. – Glaubst du wirklich, daß dieses Zeichen erscheinen wird?

D. – Ja, oh ja, ich glaube es! Aber nicht, daß ich ungeduldig wäre, es zu sehen. Das Zeichen wird kommen, aber jetzt ist noch nicht die Zeit gekommen. Es wird spät kommen, für die Menschen, die sich vorher [bei den ersten beiden Zeichen] noch nicht bekehrt haben. Die Gospa wartet, weil die Bekehrten noch nicht sehr zahlreich sind.

Sie hat die Sache rechtzeitig in Angriff genommen. Dieses Zeichen wird jedenfalls sehr schön sein.

F. – Hast du etwas hinzuzufügen?

D. – Hier ein wenig bekanntes Ereignis: in Mostar (35 Kilometer von Medjugorje), an der Straße, wo die grimmigsten und unheilvollsten Kämpfe stattfanden, war ein Gefängnis und das Gericht, wo Pater Jozo zu Unrecht eingesperrt und verurteilt worden war. In diesem Gefängnis hatte man außer Pater Jozo andere Brüder und Priester eingesperrt und viele Menschen, die wegen ihrer Religion angeklagt waren. Und nun erzählt man diese Episode über Pater Jozo: Er war am 17. August eingesperrt worden. Die Muttergottes ist nicht erschienen und die Seher, die sich im Pfarrhaus versammelt hatten, begannen zu weinen, weil die Gospa nicht erschienen war. Am nächsten Tag hatten sie erneut die Erscheinung und haben sie gefragt: „Warum bist du gestern nicht erschienen?“ Und sie hat ihnen gesagt: „Ich war bei Pater Jozo.“

F. – Was halten sie von der Hilfe der europäischen Länder: Italien, Deutschland, Frankreich, Belgien, usw...?

D. – Diese Hilfslieferungen kamen von den Freunden von Medjugorje und ihren Freunden. Hätte es die Erscheinungen nicht gegeben und wären diese Hilfslieferungen ausgeblieben, weiß ich nicht, was passieren hätte können. Man kann wirklich von Wunder sprechen, umso mehr als diese Hilfen nicht nur zu den Kroaten kamen, sondern auch zu den Moslems und den Serben (MT 66, S. 11, Fortsetzung angekündigt, wahrscheinlich in der Jänner-Februar Nr. 67).

DIE WALLFAHRT VON BISCHOF GEORGES LAGRANGE VON GAP (FRANKREICH)

Bischof Lagrange von Gap hat Medjugorje besucht und dort eine Woche verbracht. Anläßlich dieses Besuches sagte er zu den Franziskanern von Medjugorje:

– Ich komme aus Gap in Frankreich, wo meine Diözese an Italien angrenzt. Es ist mein erster Besuch in Medjugorje und soviel ich weiß sind nur zwei französische Bischöfe hierher gekommen [Bischof Chabbert: DN 14, S. 43, und ein Bischof der Antillen, der einen sehr diskreten Besuch gemacht hat].

– Was bedeutet für Sie die Tatsache, daß die Erscheinungen so lange dauern, sind Sie nicht erstaunt?

L. – Keineswegs, weil das vor 300 Jahren auch bei uns, in meiner Diözese geschehen ist. In der Gegend von Le Laus, in der Nähe von Gap, ist die Muttergottes einem jungen sechzehnjährigen Mädchen namens Benoîte erschienen, und diese Erscheinungen haben mehr als 50 Jahre gedauert, bis an ihr Lebensende. Sie ist mit 72 Jahren gestorben. Man kann nicht zählen, wie oft sie die Muttergottes gesehen hat! Ständig vom bösen Feind gequält, hatte sie mystische Visionen des Kreuzes und nahm intensiv an der Passion Jesu teil. So ist das Heiligtum „Notre-Dame du Laus“ entstanden (MT 64, S. 3).

INTERVIEW MIT BISCHOF HENRI KENNEDY (AUSTRALIEN)

Frage. – Exzellenz, wann haben Sie das erste Mal von Medjugorje gehört und was haben Sie empfunden, als Sie das allererste Mal hierher kamen?

Bischof Kennedy. – Recht spät, 1985, habe ich von Medjugorje gehört. [...] Ich habe dann damit begonnen, Informationen zu sammeln, ohne daran zu denken, dorthin zu fahren. Australien ist weit weg von Medjugorje und ich bin nicht mehr der Jüngste. Damals dachte ich, daß Lourdes das einzige Marienheiligtum bleiben würde, das ich besucht habe. [...] 1990 hat der Entschluß, mich nach Medjugorje zu begeben, Gestalt angenommen. 1993 haben meine Füße zum ersten Mal diesen gesegneten Boden betreten. 1994 zog mich alles wieder nach Medjugorje und heute [1995] bin ich wiederum hier. Ich hoffe, daß es im nächsten Jahr ebenso sein wird.

In Medjugorje fühle ich mich wundervoll gut. Es ist fantastisch, wie dieses erhebende Gefühl, das ich hier erfahre, bei jedem Besuch nur noch stärker wird. Und genauso wie ich nicht an Lourdes gezweifelt habe, bin ich absolut überzeugt, daß die Muttergottes in Medjugorje anwesend ist. Einen solchen Frieden, wie man ihn hier antrifft, findet man sonst nirgendwo.

F. – Und wie kann Ihrer Meinung nach Medjugorje zum Frieden in dieser Welt beitragen?

K. – Das hängt vor allem von den Gelegenheiten ab, die die Menschen haben, diese Friedensbotschaft kennenzulernen und zu verbreiten. [...] Was mich betrifft, so genügt es nicht, die Botschaften zu verbreiten, [...] immer mehr Menschen müssen selbst in diese heiligen Orte kommen, um *die Erfahrung zu machen*, wie sehr eine Wallfahrt nach Medjugorje eine besondere Gnade ist [...] für sie selber, die Kirche und die Welt.

F. – Also glauben Sie an die Erscheinungen von Medjugorje?

K. – Natürlich glaube ich daran! Wenn ich diesbezüglich den gerinsten Zweifel hätte, würde ich keine Wallfahrt hierher machen und meine Autorität aufs Spiel setzen. Selbst wenn die Kirche diese Erscheinungen noch nicht offiziell anerkannt hat, sind sie für mich genauso echt wie die von Lourdes und von Fatima.

F. – Sie sind einer der wenigen Bischöfe, die man hier in Medjugorje treffen kann.

K. – Ich glaube, daß recht viele Bischöfe eine Wallfahrt nach Medjugorje machen, aber sie kommen privat, sie sind eingetaucht in die Menschenmenge. [...] Sie tragen entweder ein einfaches Priestergewand oder kommen sogar in Zivil. Anscheinend bin ich der einzige Bischof, der den Mut gehabt hat, in Medjugorje im Bischofsgewand spazieren zu gehen. Das mache ich bewußt, um meine Meinung offen zu bekunden, *daß es höchste Zeit ist, daß die Kirche die Ereignisse von Medjugorje anerkennt.*

F. – Welche Ratschläge geben Sie Ihren Gläubigen in Australien?

K. – Ich ermutige sie, eine Wallfahrt nach Medjugorje zu machen. Viele zögern, weil sie das Wiederaufflackern des Krieges befürchten. Ich werde sie also beruhigen. [...] Die Menschen erleben hier eine seltene brüderliche Gemeinschaft. Man kann das nicht erklären und ich kann es mir selbst nicht erklären. Man muß diese Erfahrung machen (*Glas Mira*, August 1995 und NM, November, S. 5).

CIVITAVECCHIA, FORTSETZUNG VON MEDJUGORJE

Vor den Toren Roms gab am 17. Juni 1995, nach vielen Komplikationen mit den weltlichen und kirchlichen Behörden, Bischof Grillo von Civitavecchia der Pfarre, wo seit dem 2. Februar die dreizehn Tränenergüsse stattgefunden hatten, die kleine Statue der Medjugorje-Madonna zurück, die der Pfarrer von Sant Agostino (Pablo Martin), einer Dorfkirche in der Nähe der Küste seinem Pfarrkind, Fabio Gregori, einem 32-jährigen Elektriker, geschenkt hatte.

Schon am Karfreitag hatte der Bischof die Rückkehr der Statue in einer Prozession in die Pfarre, von der er sie entfernt hatte, vorgesehen, aber verwaltungstechnische Komplikationen zwangen ihn, die Rückkehr in einer Prozession aufzuschieben und darauf zu verzichten. Es war dennoch ein großes Fest. Jozo Zovko, zu Beginn der Erscheinungen der Pfarrer von Medjugorje, war zu diesem Anlaß gekommen. Er führte mit Bischof Grillo von Civitavecchia dieses Gespräch, in dem ihm der Bischof die harte Prüfung schilderte, die er durchzumachen hatte.

Der Bischof: Was ich gelitten habe und noch leide ist unglaublich. Es ist nicht angenehm, sich als Lügner beschimpfen lassen zu müssen (*weil er gesagt hat, daß die Muttergottes vor seinen Augen, in seiner Kapelle, geweint hat*). Ich wiederhole es mit lauter Stimme, was ich allen gesagt habe, aber man schickt mich zum Teufel. Ich kann das nicht leugnen, was in meinen Händen geschehen ist. Es war menschliches Blut. Ich wußte es schon aufgrund der vorausgegangen Analysen. Wenn diese blutigen Tränen, die vor mir vergossen worden sind, von einer anderen Art gewesen wären als die vorausgegangenen, wie wäre ich dagestanden? Aber Überprüfungen wurden durchgeführt, es ist dasselbe Blut! [...] Hier in meiner Wohnung war die Muttergottes eingesperrt. Sie [= die offizielle Verwaltungsbehörde] haben sie eingesperrt, mit Beschlag belegt [*in einem Kasten gerichtlich versiegelt*]. Sie sind mit verschiedenen Finten gekommen, unter dem Vorwand, eine Entnahme für weitere Untersuchungen vorzunehmen, obschon alle Entnahmen gemacht worden waren. Sie wollten die Statue forttragen, aber dem habe ich nicht zugestimmt. Da haben sie sie dann mit Beschlag belegt. So blieb ich zu Hause eingesperrt.

Pater Jozo Zovko: Wußten sie, daß wir in Medjugorje ähnliche Probleme hatten? [*Hier erzählt er dem Bischof seine lange Inhaftierung von 1981 bis 1982.*] Ich glaube, daß jeder Schritt der Gospa immer mit einem Zeichen großen Leidens gekennzeichnet ist. In einem solchen Fall sind viele Gebete und viel Freundschaft notwendig.

Der Bischof: Heute würden die Tränenergüssen Unsere lieben Frau von Syrakus nicht anerkannt werden, weil es schwierig ist, einen wissenschaftlichen Nachweis zu erbringen, daß die Tränen auf einem Wunder beruhen. Es ist Wasser und Salz, was überall gleich ist. Das Blut hingegen ist spezifisch. Vielleicht weint die Muttergottes gerade deswegen Blut! Damit man klar erkennt, worum es sich handelt.

Jozo: Wenn die Muttegottes weint, so werden wir sie trösten. Kümmern wir uns nicht um das ganze Räsonieren rundherum: „Sie weint nicht." „Es stimmt nicht." Wir müssen offen bleiben und das genügt.

Der Bischof: Ich war eher skeptisch und ratlos in dieser Frage. Aber die Muttergottes hat mir ein Zeichen gegeben. Meine Eltern und die Schwester, die mit mir in der Kapelle waren, sagten, daß ich in diesem Augenblick weiß wie Schnee geworden sei. Das Blut kann man nicht erfinden. Entweder ist eines da oder es ist keines da. Meine Schwester hat sich den Finger befleckt, aber das Blut ist gleich verschwunden. Ebenso war es, als die Gregoris die Statue mit einem Taschentuch abgewischt haben. Es blieb keine Spur davon zurück: das Blut verschwindet, sobald es von der Statue entnommen ist.

– Diese Beobachtung des Bischofs ist verwirrend, denn die Behörde hat wohl Blut von der Statue entnommen und hat es analysiert. Wie kann er da sagen, daß das Blut verschwindet? Ich habe ihm am Telefon diese Frage gestellt. Die Antwort lautet im wesentlichen so:

Als die Leute, die das Blut auf der Statue fließen oder sich bilden sahen, es mit einem Taschentuch aufnehmen wollten, hinterließ es keine Spur, so als ob das Blut verschwunden wäre. Aber die Behörde, die bei keinem Vergießen der Tränen dabei war, hat das gestockte Blut, das auf den Wangen haften blieb, entnommen, und dieses Blut ist beständig.

Es war wichtig, diese Details für jene Geister aufzuhellen, die schnell bereit sind, die Widersprüche in diesen komplexen Angelegenheiten anzuprangern.

Jozo: Wir müssen über die Botschaft dieser Tränen viel nachdenken. Warum glaubt die Kirche einem Bischof nicht? In Kibeho, in Ruanda, hat der Bischof geglaubt, aber sie hörten nicht auf ihn. Sie haben sich nicht bekehrt. Und welche Katastrophe hat sich daraus 10 Jahre später ergeben! Ebenso in Medjugorje. Unsere liebe Frau hatte die Tragödie vorausgesehen. Gleichzeitig sind viele falsche Propheten aufgetaucht, die Botschaften und Erscheinungen verwechselt haben.

– Auch hier war für mich eine Klarstellung nötig. In Ruanda hatte der Bischof die Erscheinungen gut aufgenommen. Er hatte die Verehrung anerkannt. Er bereitete eine Anerkennung vor. Ich glaube also nicht, daß Ruanda der Botschaft der Muttergottes gegenüber untreu gewesen war. Die Bemerkung Pater Jozos scheint mehr für Medjugorje zu gelten, da Bischof Franić, der emeritierte Erzbischof von Split, ausdrücklich gesagt hat: der Bischof hat auf die Friedensbotschaft Unserer lieben Frau nicht gehört und hat sich den Erscheinungen widersetzt. Es ist also das Urteil dieses Erzbischofs und Pater Jozos. Was aber ist das Urteil Gottes? Das ist geheimnisvoller und wir werden es erst in der anderen Welt erfahren.

Der Bischof: Auch in Lourdes wurden außer der echten Erscheinung rund fünfzig andere gezählt. Ich glaube, daß Satan einschreitet, um Verwirrung zu stiften. Sogar in Italien sagt man, daß die Muttergottes an vielen Orten weint, aber nach einem Tag hört man nichts mehr davon. Von den Geschehnissen hier hat die ganze Welt gesprochen. Machmal kommt noch das Fernsehen und damit ist es noch nicht zu Ende.

Jozo: In Medjugorje sind es bald vierzehn Jahre, daß die Muttergottes erscheint. Das Ziel ist klar. Wir müssen die Kirche für das dritte Jahrtausend vorbereiten. Der Papst hat das wohl verstanden, er verfolgt Medjugorje genau und hat immer sehr schöne Worte diesbezüglich gesagt, auch, daß er gerne nach Medjugorje kommen möchte.

Der Bischof: Wenn ich keine Unterstützung gehabt hätte, hätte ich mich wirklich einsam gefühlt. Weil man heute, im Namen der Ökumene, nicht mehr von der Muttergottes sprechen kann. Sie sagen, daß sie das nicht braucht.

Jozo: Die Muttergottes braucht das nicht. Die Menschen schon, die Zeichen sind notwendig.

Der Bischof: Man hat von dieser kleinen Statue, die 43 Zentimeter hoch ist, eine Röntgenaufnahme in 43 Schnitten gemacht, mit technologisch hochwertigen Instrumenten, man hat sie allen möglichen Untersuchungen unterzogen, und die wissenschaftlichen Tests haben ergeben: es ist menschliches Blut. Zuerst hat man gesagt weibliches (Blut), dann männliches (die wissenschaftlichen Tests stimmen nicht immer überein).

Jozo: Das Blut ist ein Anruf. Es ist eine laute Stimme, die wir hören müssen, und nicht alle können sie hören. Das Zeichen von Civitavecchia kennt jeder. Die Wissenschaft sagt doch, daß der Gips nicht weinen kann, daß es sich um Blut handelt. Warum soll man jetzt warten? Gehen wir, knien wir nieder und beten wir. Das ist das Problem. Wir haben nicht den Mut, einen entscheidenden Schritt zu tun.

Der Bischof: Sind die Seher von Medjugorje über dieses Zeichen informiert worden? Sollte es „das Zeichen“ sein, auf das man wartet?

Jozo: Die Seher sind informiert worden, ja, aber sie haben nichts gesagt, weil das vorausgesagte Zeichen größer sein wird. Aber auch das ist groß. Was will eine ganz unscheinbare kleine Gipsstatue sagen, die Blut weint? Sie haben recht gehabt, der

Behörde zu sagen: „Ich kann Ihnen die Statue nicht geben", so wie ich es gemacht habe, als sie mir die Kirche von Medjugorje zusperren wollten und ich gesagt habe: Ich erlaube es Ihnen nicht". Das ist die gleiche Geschichte. Jetzt wird die CEI (Italienische Bischofskonferenz) sagen: „Wir wollen nichts wissen" und sie werden alleine bleiben. Deshalb brauchen Sie noch mehr Unterstützung und Hilfe.

Der Bischof: In einem Augenblick der Depression habe ich mich bei einer hohen Persönlichkeit beklagt. Ich habe gesagt:

„Sie haben mich allein gelassen!"

Jozo: Auch ich bin allein geblieben, und sie haben gesagt: „Er hat es so gewollt". Ein Polizist hat mir sogar gesagt: „Man zahlt, um berühmt zu werden". Aber was heißt „berühmt werden"? Ich muß nur das verteidigen, was ich gesehen habe. Nun, Exzellenz, wenn Schwierigkeiten kommen, erinnern Sie sich daran, daß man für Sie betet, und haben Sie keine Angst mehr. Die Muttergottes ist mit Ihnen und hilft Ihnen, sie hat sie als Bischof erwählt, das ist sehr wichtig. In diesem Augenblick nimmt Bischof Grillo die Statue, wir knien nieder und beten (Aufzeichnung von Angela und Matteo Rossi, 27. April 1995).

Der Zustrom ist groß: mehrere Busse pro Tag, manchmal an die zwanzig und mehr... bei der Kirche einer kleinen Pfarre, die 120 Personen faßt. Die Kirche wird um 7.30 Uhr geöffnet und um 23 Uhr geschlossen. Täglich wird der Rosenkranz eine Stunde lang meditiert, gefolgt von einer Messe mit Predigt, die eine weitere Stunde dauert. Zwei oder drei Mal pro Woche ist eine Nachtwache. Was die Früchte betrifft, so gibt der Pfarrer, Don Pablo, Zeugnis:

Der Bischof hat Kenntnis von vielen Fällen körperlicher Heilungen. Aber es gibt auch die geistlichen Heilungen. In der Karwoche haben 108 Zeugen Jehovas mit ihrem Anführer ihre Sekte verlassen. Auch ein Buddhist. Geschiedene Familien haben sich vor der Muttergottes versöhnt. Junge Leute, fern von Gott, haben zu ihrem Glauben zurückgefunden. Aber, fügt er hinzu, da Jesus ein Zeichen des Widerspruchs ist, ist die Hölle entfesselt, wir werden oft von den Kirchenleuten und anderen, die diese Öffnung zu einer neuen Gnadenquelle hin verhindern wollen, mitleidig belächelt. Aber diese Leute stehen der Kirche fern und einfache Menschen kommen zu uns und entdecken die Geheimnisse der Herzen (Lk 2, 35). Die Muttergottes macht alles ganz sachte und das, was sie tut, ist bezeichnet mit dem Zeichen des Kreuzes und des Widerspruchs (*Chrétiens Magazine*, Nr. 89).

DIE SPUREN DES VERZEIHENS UND DER VERSÖHNUNG

(Brief von Lucia Betruse, einer von einem serbischen Milizsoldaten vergewaltigten Novizin an die Oberin ihrer Kongregation)

Dieses Zeugnis, das Medjugorje nicht ausdrücklich nennt, zeigt in einem äußersten Punkt die unvorstellbare Tiefe der Botschaft des Friedens und der Versöhnung, die von diesem gesegneten Ort ausgeht, um in einer unmöglichen Lage wieder die Botschaft des Evangeliums zu aktualisieren: Liebet eure Feinde.

Ich bin Lucia Betruse, eine der Novizinnen, die von den serbischen Milizen vergewaltigt worden sind. Ich schreibe Ihnen über das, was mir und meinen Mitschwestern Tartina und Sendria zugestoßen ist.

Erlauben Sie mir, keine Details wiederzugeben. Es war eine entsetzliche Erfahrung, nicht mitteilbar – außer Gott, dessen Willen ich mich anheimgab, als ich mich Ihm bei meinen Gelübden geweiht habe. Mein Drama ist nicht nur die Erniedrigung, die ich als Frau erlitten habe, auch nicht der nie wieder gut zu machende Angriff auf meinen Lebensweg und meine Berufung. Tragisch ist die Schwierigkeit, ein Ereignis, das sicher Teil des geheimnisvollen Willens Dessen darstellt, Den ich weiterhin als meinen göttlichen Gemahl ansehe, mit meinem Glauben in Einklang zu bringen. Einige Tage vorher hatte ich den *Dialog der Karmelitinnen* von Bernanos gelesen, und es kam mir der Gedanke, den Herrn darum zu bitten, als Märtyrerin zu sterben. Er hat mich beim Wort genommen – aber auf welche Weise! Ich lebe jetzt in einer beängstigenden inneren Dunkelheit. Sie haben meinen Lebensentwurf zerstört, den ich als endgültig angesehen hatte. Sie gaben mir einen neuen, den ich noch nicht entziffern kann, vor.

Als Heranwachsende hatte ich in mein Tagebuch geschrieben: „Nichts gehört mir, ich gehöre niemandem, und niemand gehört mir." Und dennoch hat mich jemand in einer Nacht, an die ich mich nicht erinnern will, genommen, mich von mir weggerissen und sich selbst angeeignet.

Als ich zu mir gekommen bin, war es Tag. Mein erster Gedanke war der an die Agonie Jesu auf dem Ölberg. Ein schrecklicher Kampf spielte sich in mir ab. Einerseits fragte ich mich, warum Gott es zugelassen hatte, daß ich in Stücke gerissen und gerade da zerstört worden war, wo ich mich verankert hatte. Und andererseits die Frage: Was war die neue Berufung auf dem Weg, den Er mich führte? Ich erhob mich, erschöpft, und half Schwester Josephine. Dann habe ich mich hergerichtet. Ich hörte die Glocke des „Klosters der Ängste“ nebenan die Sext läuten. Ich habe mich bekreuzigt und im Geist den Hymnus der Liturgie gebetet: „In dieser Stunde auf Golgotha hat Jesus Christus, das wahre Osterlamm, für unser Heil den Preis für den Loskauf von unseren Sünden bezahlt.“

Was ist doch, Mutter, mein Leiden und meine erlittene Kränkung im Vergleich zu jenen, die Der erlitt, Dem ich tausend Mal versprochen hatte, mein Leben zu geben? Ich habe langsam gesagt: „Dein Wille geschehe jetzt, vor allem jetzt, da ich keinen anderen Halt mehr habe als die Gewißheit, daß Du, Herr, an meiner Seite stehst.“

Ich schreibe Ihnen, Mutter, nicht um getröstet zu werden, sondern damit Sie mir helfen, Gott dafür zu danken, daß Er mich jenen Tausenden Mitbürgern zugesellt hat, die in ihrer Ehre verletzt wurden. Helfen Sie mir auch, diese nicht gewollte Mutterschaft anzunehmen... Meine Demütigung fügt sich zu jener der anderen und ich kann sie als Sühne für die von den namenlosen Vergewaltigern begangenen Sünden aufopfern und für den Frieden zwischen zwei gegnerischen Volksgruppen, indem ich die Entehrung ertrage und dem Erbarmen Gottes hinhalte.

Seien Sie mir nicht böse, wenn ich Sie bitte, mit mir eine „Gnade“ zu teilen, die absurd scheinen mag. In diesen letzten Monaten habe ich all meine Tränen für meine beiden Brüder vergossen, die von eben denen ermordet wurden, die unsere Städte mit Terror und Agression belegen. Ich dachte, ich könnte nicht noch mehr leiden, und das Leid könnte nicht solche Ausmaße annehmen.

Tagtäglich klopfen Hunderte von hungernden, vor Kälte zitternden Menschen mit verzweifeltem Blick an das Tor unserer

Klöster. Vor einigen Wochen hatte mir ein junges, 18jähriges Mädchen gesagt: „Ihr habt Glück. Ihr habt einen Ort gewählt, wo die Bosheit nicht eindringen kann." Und sie fügte hinzu: „Ihr wißt nicht, was Entehrung heißt."

Ich habe darüber nachgedacht und erkannt, wie mein Volk litt. Fast habe ich mich ein wenig geschämt, neben diesem Leiden zu stehen. Jetzt bin ich eine von ihnen, eine der vielen namenlosen Frauen meines Volkes, deren Körper in Stücken und deren Seele zertrümmert ist. Der Herr hat mich in das Geheimnis dieser Schande eintreten lassen, ja Er ließ der Schwester, die ich bin, das Privileg zuteil werden, die teuflische Macht des Bösen zu begreifen.

Ich weiß: Von nun an glauben sie mir die Worte der Ermutigung und des Trostes, die ich meinem armen Herzen abringen werde. Denn meine Geschichte ist auch die ihre und meine vom Glauben getragene Ermutigung kann ihnen, wenn nicht als Beispiel, so zumindest als Gegenüberstellung zu ihren eigenen natürlichen und affektiven Reaktionen dienen.

Ein kleines Zeichen, ein Wort, eine brüderliche Hilfe können genügen, die Hoffnung einer Armee von Unbekannten zu mobilisieren... Gott hat mich erwählt – er möge mir diesen Dünkel verzeihen - die gedemütigten Menschen in einen Morgen der Erlösung und der Freiheit zu führen. Sie werden nicht an der Ehrlichkeit meiner Absichten zweifeln können, denn auch ich komme, wie sie, von den Grenzen der Verworfenheit.

Ich erinnere mich an meine Literaturstudien in Rom. Damals hat mir ein Professor für slawische Literatur diese Verse von Alexej Mislović zitiert: „Du darfst nicht sterben, weil du die Wahl getroffen hast, auf der Seite des Tages zu leben." In der Nacht, in der ich von den Serben vergewaltigt wurde, wiederholte ich diese Verse, die für meine Seele wie Balsam waren, wenn mich die Verzweiflung zu vernichten drohte. Jetzt ist alles vorbei. Und es scheint mir wie ein böser Traum.

Alles ist vorüber, Mutter, aber jetzt beginnt auch alles. Nachdem Sie mir Worte des Trostes, für die ich Ihnen mein Leben lang dankbar sein werde, gesagt hatten, stellten Sie mir am Telefon die Frage: „Was wirst Du mit dem Leben, das Dir in Deinem Leib aufgezwungen worden ist, machen?" Ich fühlte, wie Ihre Stimme zitterte, als Sie mir diese Frage stellten, eine Frage, auf die es nicht sofort eine Antwort gab – nicht etwa, weil ich nicht über die notwendige Wahl nachgedacht hatte, sondern weil Sie meine Entscheidung nicht durch andere Pläne stören wollten.

Ich habe mich jetzt entschieden: Wenn ich Mutter bin, wird das Kind mir gehören und niemand anderem. Ich könnte es anderen anvertrauen, aber es hat Anspruch auf meine Mutterliebe, selbst wenn es weder gewünscht, noch gewollt war.

Man kann eine Pflanze nicht von ihren Wurzeln trennen. Das Korn, das in die Erde gefallen ist, muß dort wachsen, wo der geheimnisvolle – wenn auch ungerechte – Sämann es hingeworfen hat.

Von meiner Kongregation verlange ich nichts. Sie hat mir schon alles gegeben. Ich danke meinen Mitschwestern für ihre Geschwisterlichkeit und ihre Aufmerksamkeiten, und vor allem dafür, daß sie mich nicht mit indiskreten Fragen in Verlegenheit gebracht haben.

Ich werde mit meinem Kind von dannen ziehen. Ich weiß nicht, wohin, aber Gott, der mit einem Schlag meine größte Freude zerschlagen hat, wird mir den Weg weisen, Seinen Willen zu erfüllen.

Ich werde arm sein, meinen alten Schurz hervorholen, ich werde die Holzschuhe anziehen, die die Frauen an den Werktagen tragen, und mit meiner Mutter Harz in unseren Pinienwäldern sammeln gehen. Ich werde das Unmögliche tun, um die Kette des Hasses, der unser Land zerstört, zu zerreißen... Dem Kind, das ich erwarte, werde ich nur beibringen zu lieben. Mein aus der Gewalt geborenes Kind wird Zeuge dafür sein, daß die einzige Größe, die die menschliche Person auszeichnet, in der Verzeihung liegt" (in *Notizie Gesuiti italiani*).

FLÜCHTLINGE IN EX-JUGOSLAWIEN

2.700.000 in Bosnien,
563.000 in Serbien,
385.000 in Kroatien gemäß dem Hochkommissariat der Vereinten Nationen.

Sie warten auf das Ende des Krieges. 70% der Hilfe ist bis jetzt, nach der Schätzung von Präsident Tudjman, von den Freunden von Medjugorje gekommen.

ANTWORT VON EXZELLENZ BERTONE, DEM SEKRETÄR DER GLAUBENSKONGREGATION AN EXZELLENZ TAVERDET, BISCHOF VON LANGRES

In Beantwortung einer Anfrage um eine Information von Bischof Taverdet von Langres, hat ihm der Sekretär der *Glaubenskongregation*, Exzellenz Tarciscio Bertone, Nummer zwei des *Heiligen Offiziums* am 23. März 1996 geschrieben.

CONGREGATIO PRO DOCTRINA FIDEI	00120 Città del Vaticano Palazzo del S. Ullizio	23. März 1996

Exzellenz,

mit Schreiben vom 14. Februar 1996 fragten Sie an, wie die aktuelle Position der Kirche hinsichtlich der angeblichen „Erscheinungen von Medjugorje“ sei, und ob es den katholischen Gläubigen erlaubt sei, Wallfahrten dorthin zu machen.

Diesbezüglich beehre ich mich, Ihnen das mitzuteilen, was die Bischöfe von Ex-Jugoslawien hinsichtlich der Glaubwürdigkeit dieser Erscheinungen in ihrer Erklärung von Zadar vom 10. April 1991 betont haben:

„...Aufgrund der bis jetzt durchgeführten Untersuchungen ist es nicht möglich zu behaupten, daß es sich um übernatürliche Erscheinungen oder Offenbarungen handelt.

Die Anwesenheit von zahlreichen Gläubigen, die aus Glaubens- oder anderen Gründen von verschiedenen Orten nach Medjugorje kommen, verlangt die Aufmerksamkeit und die pastorale Sorge in erster Linie des Diözesanbischofs, aber zugleich auch die der anderen Bischöfe, so daß in Medjugorje und im Zusammenhang damit eine heilige Verehrung der Seligen Jungfrau Maria nach der Lehre der Kirche gefördert werde.

Die Bischöfe werden für diesen Zweck ebenfalls besondere Anweisungen im Bereich der Liturgie und der Pastoral geben. Gleichzeitig werden sie über ihre Kommissionen weiterhin das Geschehen von Medjugorje in seiner Gesamtheit prüfen.“

Aus dem Gesagten geht hervor, daß die offiziellen Pilgerfahrten nach Medjugorje, als einem Ort echter Marienerscheinungen, nicht veranstaltet werden dürfen, weder auf der pfarrlichen noch auf der diözesanen Ebene, weil sie im Widerspruch zu der oben zitierten Erklärung der Bischöfe von Ex-Jugoslawien stünden („La vie diocésaine de Langres“, 26. April 1996, Nr. 8, S. 60). *Dieselbe Antwort wurde kürzlich anderen Bischöfen übermittelt.*

Getreu seiner Gewohnheit, mit Ausdrücken von Verbot und Verurteilung alles das zu belegen, was die Erscheinungen betrifft, hat unsere katholische Tageszeitung es nicht verabsäumt, diese Überschrift zu drucken: *Der Vatikan bestätigt das Verbot der Pilgerfahrten.*

Da die christliche Freiheit kein leeres Wort ist und angesichts der positiven Haltung der Bischöfe von Ex-Jugoslawien und vor allem des Papstes selbst (s. o. Kapitel 3 und 4) schien es dienlich, den vollständigen Text dieses Briefes von Bischof Bertone abzudrucken, gemäß der von ihm gegebenen Übertragung, um leere Gerüchte zum Schweigen zu bringen, die durch Teilzitate oder verstümmelte Wiedergaben dieses Briefes ausgelöst werden...

Der Sekretär der *Glaubenskongregation* verweist lediglich auf den Text der jugoslawischen Bischöfe vom 10. April 1991, der weiter oben abgedruckt und kommentiert ist (3. Kapitel, S. 48–49).

In seinem Artikel im *Figaro**) vom 8.–9.Juni 1996 vergleicht Joseph Vandrisse die Erscheinungen von Medjugorje mit denen der Wunderbaren Medaille in der Rue du Bac: anerkannte Wallfahrt, obwohl es niemals eine offizielle Anerkennung der Erscheinungen gab.

Dennoch gibt es einen wichtigen Unterschied zwischen den beiden: die Seherin der Rue du Bac ist heiliggesprochen worden, und Johannes Paul II. bestand darauf, dieses Heiligtum offiziell zu besuchen.

Er hat auch die politischen und religiösen Verantwortlichen von Ex-Jugoslawien öffentlich und offiziell gebeten, sich nach Medjugorje zu begeben. Wir haben bereits gesagt, warum die Verwirklichung dieser Bitte nicht sehr wahrscheinlich ist.

Wenn mehr als 100 Bischöfe eine Pilgerfahrt nach Medjugorje unternommen haben, so war das privat und nicht offiziell.

---

*) frz. (konservative) Tageszeitung/Anm. d. Übers.

Eine offizielle Pilgerfahrt wäre, gemäß der abschließenden Erklärung von Bischof Bertone, verfrüht, und es ist wichtig, dies zur Kenntnis zu nehmen.

10. Chronologie

1995

2. Februar	Erstes Tränenvergießen der Muttergottesstatue von Medjugorje in Civitavecchia.
16. März	Schwester Elvira wird von den kroatischen Bischöfen eingeladen, über die Drogensüchtigen zu sprechen (*Écho* 120, 6b).
22. März	Vicka führt 310 kroatische Invalide zur Privataudienz von Johannes Paul II. Sie ist Dolmetscherin des Papstes.
4. April	Vicka fährt mit Schwester Josipa in die Vereinigten Staaten.
6. April	Der Papst, der vom Vertreter von Präsident Tudjman und von Kardinal Kuharić eingeladen wurde, nach Split zu kommen, bringt seinen Wunsch zum Ausdruck, auch nach Medjugorje zu fahren.
2. – 6. April	Gebets- und Informationswoche in Baška Voda (*Écho* 120, 6c). 70 Verantwortliche der *Medjugorje-Zentren* in 15 verschiedenen Ländern veröffentlichen eine Einladung an die Gebetsgruppen der ganzen Welt: 1. Betrachtet die Botschaften der Muttergottes als eine Einladung, die nur zu unserem Herrn Jesus Christus führt. 2. Habt in euren Herzen das Wohl der Kirche, deren Mutter, Archetyp und Vorbild Maria ist. 3. Tut alles, was möglich ist, damit die Gruppen der Ortskirchen die Früchte der Umkehr und des Friedens erfahren.

	4. Seid offen für die Zeichen der gegenwärtigen Zivilisation, um ein Zeichen der Hoffnung und der Sicherheit für alle Menschen zu sein, die unsere Zeit der Angst und der Unsicherheit durchleben. 5. Tut alles, was möglich ist, um Spaltungen durch die Liebe und das Verständnis zu überwinden, damit wir gemeinsam der Sache des Friedens dienen können.
18. – 22. April	Jozo Zovko besucht Italien: Padua, Bologna, Ferrara, Reggio Emilia, und die Schweiz: Lugano. Dann Deutschland: München und Köln.
30. April - 6. Mai	Jozo Zovko in den Vereinigten Staaten (*Écho* 120, 6b).
Mitte April	Ivan fährt gleich nach Ostern in die Vereinigten Staaten, Vicka vertritt ihn bei den nächtlichen Erscheinungen am Dienstag und Freitag auf den beiden Bergen Podbrdo und Krizevac (*Écho* 120, 6b).
Ende April	Marija in Mexiko (*Écho* 120, 6e).
5. – 7. Mai	Slavko in Österreich; in Wien kommen 4.000 Personen in die Kirche Maria vom Siege, um ihn zu hören.
Anfang Mai	Professor Joyeux kommt nach Medjugorje für einen neuerlichen Versuch, seine wissenschaftliche Arbeiten über die Erscheinungen wieder aufzunehmen.
2. Juni	Der amerikanische Pilot Scott O'Grady, der in Bosnien abgeschossen wurde, flüchtet, ohne gefangen genommen worden zu sein, dank der amerikanischen Hubschrauber. Laut dem italienischen Wochenblatt Chi Nr. 24 soll er gesagt haben: „Ich verdanke meine Rettung der Muttergottes von Medjugorje. Während der sechs Tage, wo ich in Bosnien verirrt war, hatte ich eine Serie mysteriöser Visionen, die mir die Kraft gaben, durchzuhalten und die härtesten Augenblicke zu

	überwinden. Ich sah so etwas wie einen Lichthof und ich hörte eine harmonische Stimme, die mich wieder ermutigt hat und eine außergewöhnliche Ruhe in meinem Herzen zurückließ. Schlagartig habe ich meinen Kinderglauben wiedergefunden." (MT 64 S. 3a. Siehe ein anderes Interview oben).
8. – 15. Juni	Jozo Zovko in Italien in Genua, Cremona, Pordenone (11. Juni) (*Écho* 121, 6a), dann in Friaul, Cuneo, Oropa, Turin, mit Vicka (*Écho* 123, 4c).
17. Juni	Unsere liebe Frau von Medjugorje wird in der Pfarre San Agostino, Diözese Civitavecchia, inthronisiert. Der Pfarrer, Pablo Martin, hatte sie einem seiner Pfarrangehörigen mitgebracht.
24. Juni	Vierter Friedensmarsch.
25. Juni	Feier des 14. Jahrestages der Erscheinungen. Jährliche Erscheinung an Ivanka.
27. Juni	Einweihung des Kinderdorfes für die Kriegsopfer, von Slavko gewollt und gegründet. (*Écho* 122, 4c; *Écho* 122, 5a).
29. – 30. Juli	Marija mit Pater Tardif im Stadion von Monza (AB, 25. Juli). Sie kommt dann zum Jugendfestival nach Medjugorje.
31. Juli – 6. August	Jugendfestival.
4. August	11 Dörfer, darunter Čitluk, werden von den Serben bombardiert (AB, Juli-August 1995).
4. – 6. August	Wiedereroberung der Krajina durch die Kroaten. Ein Alarm in Medjugorje erschwert das Ende des Jugendfestivals.
14. August	Abendliche Erscheinung auf dem Berg (E 1–9).
15. August	Von Jozo Zovko gefeierte Messe mit Predigt. Bischof Milingo feiert um 11 Uhr die Messe für die Italiener (*Écho* 122, 4b).
16. August	Slavko fährt zur jährlichen Begegnung in Aylesford nach England.

25. August	Alle Seher sind noch in Medjugorje (AB, 25.8.95)
26. August	Marija fährt nach Italien zurück. Slavko in London (*Écho* 122, 4c).
30. August	Schwester Josipa führt mit Vicka 1000 geschädigte kroatische Kinder im Bus nach Rom (*Écho* 123, 5a). Ivan fährt von England in die Vereinigten Staaten, wo er bis zum Frühling 1996 bleiben wird.
10. September	Fest der Kreuzerhöhung. 50.000 Personen (*Écho* 123, 5b).
Anfang Sept.	Slavko für vier Tage in Österreich, in Linz, mit drei Bischöfen und 50 Priestern; dann, am 3. September, in Fulda, wo Erzbischof Dyba von den Medjugorje-Pilgern als von Menschen gesprochen hat, von denen Gott viel verlangt (*Écho* 123, 5c).
Anfang Sept.	Jozo Zovko beendet seine Tournee in Kanada. Mirjana macht eine 18tägige Tournee in den Vereinigten Staaten, mit zwölf Treffen. Sie bringt ihre Überzeugungen über die Familie und die Kinder zum Ausdruck: „Je mehr Kinder ihr haben werdet, desto besser. Ihr solltet vielmehr fürchten, keine Kinder zu haben." Sie selbst hatte leider ihr drittes Kind, das sie unter schwierigen Umständen erwartet hatte, im Mai verloren.
23. September	Slavko in Beauraing mit dem Ortsbischof Léonard (NM, Oktober 1995, S. 4–7). Großes Gebetstreffen mit Tomislav in Italien (MT 64 und 65 bl.: 3.500 Personen. MT 66, 6a).
15. Oktober	Zusammenkunft der Medjugorje-Friedenszentren in Quito über das Thema *Mit Maria, Erzieher für den Frieden*, gestaltet von Slavko (X 30, 2).

20. Oktober	Geburt von Kristina Maria, der ersten Tochter von Ivan, in Boston. (AB, 25. Oktober 1995).
12. November	Gebetstreffen von Jozo Zovko mit den Sehern über das Thema: Helft mir, ihnen zu helfen (MT 65, 3c).
17. – 19. Nov.	Gebetstreffen in Servia (Ravenna).
14. – 20. Nov.	Tournee von Jozo Zovko in Italien (Écho 123, 4c).
24. Dezember	In Medjugorje, von der Gemeinschaft von Schwester Elvira (den geheilten Drogensüchtigen) gestaltete Gebetswache.
25. Dezember	Weihnachten. Die strahlende Muttergottes erscheint in einem goldenen Kleid mit dem Jesuskind, das die Menge segnet, sagen die Seher.

1996

6. Jänner	Schwester Elvira fährt nach Brasilien und in die Vereinigten Staaten (E, 15. Februar 1996). Vicka sollte sie begleiten, mußte aber am Tag vor der Abreise darauf verzichten, weil sie keinen Reisepaß hatte.
15. Jänner	Slavko fährt mit Mirjana auf die Inseln Réunion und Mauritius. Mirjana beendet dort die Reise mit einer Woche Urlaub. Slavko fährt weiter nach Uganda, wo er mehrere Wochen lang, bis zum 6. Februar, Vorträge hält.
24. Jänner	Geburt von Francesco Maria, dem zweiten Kind von Marija.
Anfang Februar	Der emeritierte Bischof Philip Matthew von New Orleans (USA) besucht Medjugorje.
17. – 21. März	Internationales Medjugorje-Seminar in Tučepi. Es endet mit dem Wunsch, daß Medjugorje ein großes ökumenisches Zentrum werden möge

und gleichzeitig ein Zentrum der Nächstenliebe und der humanitären Hilfe.

18. März 15. Erscheinung der Muttergottes an Mirjana, zu ihrem Geburtstag.

27. April – 1. Mai Meine 33. Fahrt nach Medjugorje mit der bemerkenswerten Wallfahrt von Maître Fricoteaux, dem Notar, der die Weltbewegung der Wandermuttergottes ins Leben rief.

24. Juni Friedensmarsch von Humac nach Medjugorje, denn wenn der Krieg der Waffen auch beendet ist, so bleibt viel zu tun für den Frieden der Herzen.

25. Juni 15. Jahrestag der Erscheinungen

11. jährliche Erscheinung an Ivanka

31. Juli – 6. August Jugendfestival geleitet von Slavko, an dem außer den Sehern auch Schwester Elvira, die Gründerin der Gemeinschaft Cenaculum, und Schwester Briege McKena, eine amerikanische Ordensfrau, teilnehmen. Schwester Briege McKena ist bekannt für ihre Ausstrahlung, aber auch wegen vieler Charismen, Prophezeihungen, ja sogar Bilokationen.

Fußnote von der Seite 33

JOZO ZOVKO, HART ERPROBTER PROPHET

Jozo Zovko, von einem großen amerikanischen Schauspieler dargestellt, war der Held eines Films, dessen Kritik weiter unten zu finden ist (s. u. S. 65), und der Bischof von Mostar hatte gute Gründe, gegen diesen Film zu protestieren, der für seinen Vorgänger ungerecht ist.

Jedenfalls hatte Pater Jozo Zovko alle Eigenschaften, um den Filmemacher zu begeistern, der die Schatten dunkler gemacht hat, um sein Licht zu verstärken. Er war der vorsichtige, kluge, mutige, glühend und tief geistliche Hirte, von der Vorsehung auserwählt, um die Pfarre Medjugorje an der Schwelle der ersten Erscheinungen zu übernehmen. Trotz seiner Vorsicht wurde er von der kommunistischen Regierung eingesperrt. Zu dreieinhalb Jahren Gefängnis verurteilt, wurde er der Messe und seiner Bibel beraubt, aber als wahrer Glaubenszeuge strahlte er auf seine Gefängniswärter aus, die von seinem Leben und seinen Charismen beeindruckt waren. Seine Gefangenschaft wurde durch eine Flut internationaler Petitionen abgekürzt: mehr als 40.000 Unterschriften. 1983 freigelassen, blieb er bis heute ein großer geistlicher Erwecker. Ganze Chartermaschinen kommen aus Amerika, um bei ihm Einkehrtage zu machen und das wahre Leben in Gott zu lernen. Seine Bekehrten, zig-Tausende, betrachten ihn als einen Heiligen.

Der Brief des Bischofs von Mostar, der an die kanadische Bischofskonferenz gesandt wurde, um seine apostolische Reise in dieses Land zu neutralisieren, enthält nichts von all dem. Der Inhalt des Briefes warnt die Bischofskonferenz indem sie die vom Bistum Mostar über Jozo Zovko verhängten Strafen anführt: Strafen, deren Schwere umso mehr das Schlimmste annehmen lassen, als die rein juristische Formulierung nicht den Grund dieser Strafen anführt. Hier im wesentlichen des Briefes, der zwangsläufig weit verbreitet wurde, wie alles, was die öffentliche Meinung interessiert:

> *Ich habe die Pflicht, sie zu informieren, daß Hochwürdiger Fra Jozo Zovko, OFM . . . Mitglied der Franziskanerprovinz von Bosnien-Herzegowina, von meinem Vorgänger , Bischof Žanić, der jetzt im Ruhestand ist, durch Schreiben seiner diözesanen Kanzlei, Nr. 622/89 vom 23. August 1989 von jeder Eigenschaft und Missio canonica in der Diözese Mostar-Duvno enthoben wurde [. . .] .*
> *Als Diözesanbischof [. . .] der Herzegowina habe ich an dieser Entscheidung festgehalten. Zudem ist er, da er ohne die notwendige Erlaubnis Beichte gehört hat, auch unter die im Kanon 1372 §21) [Strafen der Amtsenthebung, die die Spendung der Sakramente untersagt] angeführten Strafen gefallen. Ich habe ihm dies in meinem Schreiben Nr. 423/94 vom 14. Juni 1994 angezeigt [. . .].*

Der Bischof von Mostar fügt jedoch mit der ihm eigenen Mäßigung hinzu:

> *Ich möchte die Mitglieder dieser [kanadischen] Bischofskonferenz nur informieren,* ohne irgendeine Aktion gegen die Tournee von Pater Jozo Zovko zu verlangen, die mit seiner geistlichen Austrahlung stattfand.

Es ist nicht bekannt, ob Bischof Ratko Perić dasselbe Rundschreiben in die zahlreichen Länder: England, Australien, Italien, usw. geschickt hat, die Pater Jozo Zovko während des vergangenen Jahres bereiste.

Zur Zeit, da über zahlreiche Priester ohne priesterliches Amt, und die manchmal in Hinblick auf den Glauben und die christlichen Sitten Skandal erregen, keine Strafe verhängt wird, mit einer Barmherzigkeit und einer Toleranz, die vielleicht ihre Gründe haben, wundert man sich, daß heute Strafen und Verleumdungen auf die regnen, die auf fruchtbare Weise das Gebet und das geistliche Leben pflegen. Zuviele Priester, sogar Theologieprofessoren, stellen die Gegenwart Christi, die Jungfräulichkeit Mariens, die Gottheit Christi, die Dreifaltigkeit in Frage oder gehen auf Distanz zur Keuschheit, und werden mit völliger Toleranz behandelt, während Vassula Ryden, die doch von vielen theologischen und geistlichen Experten unterstützt wird, eine strenge, in der Weltpresse verbreitete Anzeige bekam. Man könnte eine lange Liste der Geistlichen aufzählen, die derart neutralisiert oder mit Strafen belegt sind. Das war der Fall für Mamma Rosa und San Damiano, einem anderen Ort, wo Berufungen und Bekehrungen erblühen, den das diskrete Handeln des Papstes und die Ernennung der letzten Bischöfe von überdimensionierten Prüfungen befreit hat. Das ist der Fall für Renato Baron, dem Erwecker einer ernsten und traditionellen Gebetsbewegung, dem Gründer eines Hauses in Schio, das großzügig für Behinderte offen steht, usw.

Wenn Bischof Ratko Perić vorsichtiger und gemäßigter ist als jene, die in letzteren Fällen gewütet haben, kann man sich fragen, ob sein Brief den Franziskanern, die er anschwärzt, gerecht wird und den Aufschwung des Spirituellen begünstigt.

Seine Worte bei der Römischen Synode 1995, wo er die Franziskaner (die 80% seines Klerus ausmachen) und Medjugorje als Quelle der „Verwirrung“ darstellt und eine Intervention des Heiligen Stuhls verlangt, gegenüber dem Papst und ausgewählten Vertretern des Weltepiskopats, haben viele Bischöfe, die mit den Tatsachen vertraut sind, in Staunen versetzt.

Ungerechtfertigte und schädigende, über die schwergeprüften Franziskaner der Diözese Mostar verhängte Strafen wurden vom kirchlichen Höchstgericht annuliert (DN 13, 47–50).

Möge Unsere liebe Frau vom Frieden, die schließlich den Krieg in Bosnien-Herzegowina beendet hat, Verständnis, Gerechtigkeit, Eintracht und Frieden in die Kirche bringen.

INHALTSVERZEICHNIS